버,
즐거운 요리로
세상을 바꿔

내가 **꿈꾸는** 사람 _ 요리사

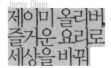

제이미 올리버,
즐거운 요리로
세상을 바꿔

초판 1쇄 2014년 1월 2일
초판 5쇄 2022년 5월 2일

지은이 최현주

기획 편집 문은영
마케팅 강백산, 강지연
표지디자인 권석연
본문디자인 유민경
일러스트 차승민

펴낸이 이재일
펴낸곳 토토북
주소 04034 서울시 마포구 양화로11길 18 3층 (서교동, 원오빌딩)
전화 02-332-6255
팩스 02-332-6286
홈페이지 www.totobook.com
전자우편 totobooks@hanmail.net
출판등록 2002년 5월 30일 제10-2394호
ISBN 978-89-6496-174-2 44990
        978-89-6496-027-1 44990(세트)

내가 **꿈꾸는 사람** _ 요리사

Jamie Oliver

제이미 올리버,
즐거운 요리로
세상을 바꿔

글 최현주

티
ㅁ

음식으로 세상을 바꾼 평화주의자, 제이미 올리버

제이미 올리버는 현재 영국에서 데이비드 베컴만큼 유명한 사람이에요. 인터넷 검색창에 '영국'과 '요리사'를 동시에 치면 1순위로 나오는 게 바로 제이미거든요. 그래요, 제이미 올리버는 한마디로 '영국을 대표하는 세계적인 요리사'라고 정리할 수 있어요.

그런데 제이미는 특이하게도 우리가 흔히 알고 있는 요리사와는 뭔가 차원이 달라도 한참 달라요. 그저 요리 실력만 뛰어난 요리사는 아니거든요. 제가 제이미를 주목한 이유, 그리고 여러분에게 그의 이야기를 꼭 들려주고 싶었던 이유는 바로 그가 가진 '남다름' 때문이었어요.

제이미는 요리가 소수의 특정한 사람을 위한 특권이 아닌, 누구에게나 허락된 행복하고 즐거운 과정이어야 한다고 생각했어요. 때문에 제이미는 돈 많고 유명한 사람들만 먹을 수 있는 음식을 만들고 싶지 않았어요. 그가 만들고 싶은 음식은 누구나 마음만 먹으면 따라 할 수 있고, 또 부담스럽지 않게 사 먹을 수 있는 대중음식이었어요. TV에 비친 제이미의 모습, 그리고 그의 요리법 또한 이러한 생각에서 벗어나지 않았지요.

제이미는 이웃집 아저씨처럼 헐렁한 청바지에 티셔츠 차림으로 나타나 앞치마나 모자도 쓰지 않은 채 음식을 만들었어요. 계량컵이나 계량스푼도 사용하지 않고, 칼을 쓰기보다 재료를 손으로 툭툭 잘라 요리하는 걸 더 좋아했어요. 친구에게 이야기하듯 수다를 떨며 요리법을 설명했고, 실제로 친한 친구나 가족을 스튜디오로 초대해 함께 요리하기도 했어요. 제이미의 이러한 태도는 사람들의 생각을 조금씩 변화시켰어요. 요리는 어렵고 복잡한 것, 귀찮고 시간 낭비일 뿐이라는 생각이 180도 바뀌기 시작한 거예요. 배가 고플 때마다 레스토랑으로 달려가거나 레토르트식품을 전자레인지에 데워 먹던 사람들이 슈퍼마켓에서 장을 보고 채소와 고기를 손질해 요리를 하기 시작했어요.

그래요, 제이미는 고급스럽고 값비싼 음식으로 사람들의 지갑을 열기보다, 그들이 직접 집에서 요리를 하기 바란 거예요.

그리고 음식에 대한 제이미의 생각, 그의 음식철학에서 정말 중요한 한 가지가 또 있어요. 그건 바로 누구나 '건강한 음식'을 먹을 자격이 있다는 것이에요. 사실, 영국에서 제이미는 요리사보다 열정적인 '음식 운동가'로 더 유명하죠. 그를 세계적인 스타가 된 것은 건강한 음식 먹기를 실천으로 옮긴 그의 광범위한 활동 덕분이었어요.

제이미는 영국의 초등학교를 찾아 학교급식으로 나오는 음식이 얼마나 몸에 해로운지 폭로했고, 심각한 비만의 나라, 미국으로 건너가선 패스트푸드에 길든 사람들에게 '지금 당장 햄버거와 감자칩을 끊지 않으면 죽을 수도 있다'며 강도 높게 충고하기도 했어요.

아이들에게 치킨 너깃의 비위생적인 조리과정을 바로 앞에서 보여주는가 하면, 닭이 얼마나 비인간적인 환경에서 길러지고 죽임을 당하는지 스튜디오에서 적나라하게 보여주기도 했어요. 제이미의 이러한 생각은 때로 고집스럽고 무모하게 보일 정도로 단호해서 사람들의 비난을 사기도 했지만, 누구도 그의 의지를 꺾진 못했어요.

제이미는 방송국을 벗어나 거리로 나갔고, 외면하고 싶지만 엄연한 현실인 먹을거리의 '불편한 진실'을 알리기 시작했어요. 요리사에서 음식 운동가로 변신한 제이미 올리버. 사람들은 그의 예사롭지 않은 행동에 관심을 갖기 시작했고 가정과 학교, 레스토랑에서 마주하는 음식들을 신중하게 관찰했어요. 그리고 곧 먹을거리는 건강과 직결되며 특히 성장기 아이들에겐 치명적인 영향을 미칠 수 있음을 깨닫게 되었어요.

학교급식의 식단을 개선하고자 하는 제이미의 생각에 동참하는 사람들이 하나 둘 늘어났고, 드디어 토니 블레어당시 영국 총리 정부로부터 학교급식 개선을 위해 3년 동안 2억 8천만 파운드4870억 원를 지원받았어요. 영국은 물론, 세계적으로도 학교급식에 대한 심각성을 폭로하는 일대 사건이었죠. 제이미는 그에 대한 공로를 인정받아 영국 여왕이 수여하는 MBE 훈장을 받았어요.

　요리를 통해 더 좋은 세상을 만들고 싶은 그의 열망은 불우한 환경에 놓인 10대들에게 요리를 가르치는 것으로도 이어졌어요. 그것은 바로 비영리 조직인 '피프틴재단'으로, 제이미는 직업이 필요한 10대들을 훈련생으로 모집해 최고 실력을 갖춘 전문가에게 요리를 배우도록 했어요. 그들은 제이미가 운영하는 '피프틴 레스토랑'에서 실무교육을 받아 요리 실력을 차근차근 쌓아나갔고 이후 유명호텔과 최고급 레스토랑에서 인정받는 요리사로 성장했답니다.

　그래요, 여러분도 이제 제이미가 평범한 요리사하고는 다르다는 걸 눈치 챘을 거예요. 그는 요리사라는 직업을 돈벌이의 수단으로만 보지 않았어요. 요리를 통해 더 많은 사람이 행복하기 바랐고, 건강한 삶을 살기 바랐어요. 그것은 요리사로서 꿈꿀 수 있는 최고의 목표인 '세상에서 요리를 가장 잘하는 요리사'보다 더 높고 원대한 꿈이었어요. 어찌 보면 뜬구름 잡기처럼 허황되게 들릴 수도 있죠. 하지만 개인의 성공이 아닌, 보다 많은 사람의 행복을 바랐던 그의 꿈은 결국 그를 실력 있는 요리사 이상의 존경받은 유명인사로 만든 원동력이 되었어요. 자, 이제 요리와 사랑에 빠진 영국의 배짱 좋은 아저씨, 제이미 올리버에 대한 이야기를 본격적으로 시작해 볼까요?

최현주

작가의 말
음식으로 세상을 바꾼 평화주의자, 제이미 올리버 008

프롤로그
진짜로, 제이미 올리버를 아세요? 016

1
Jamie Oliver

요리사를 꿈꾸는 엉뚱 발랄한 아이

레스토랑에서 자란 아이 024

요리사의 꿈을 펼치다 033

2
Jamie Oliver

TV 스타가 된 제이미

제이미, 요리에 대한 고정관념을 깨다 050

아주 솔직한 요리사, 영국 요리계의 판을 뒤집다 070

제이미, 책으로 요리를 이야기하다 082

3
Jamie Oliver

똑똑한 비즈니스맨, 멋지게 사는 남자 제이미

세인즈버리 슈퍼마켓과의 인연 094

제이미, 아이디어로 요리에 흥미를 더하다 108

내 이름을 건 레스토랑을 열다 114

방송 프로그램 제작에 뛰어들다 122

사회적 기업, 피프틴재단의 탄생 125

4

음식 운동가 제이미, 더 나은 세상을 꿈꾸다

학교급식의 현실을 파헤치다 140

아이들의 입맛을 바꿔라 147

학교급식 개선운동, 빛을 발하다 158

비만의 나라 미국의 식단을 개선하다 162

슬로우 푸드의 중요성을 알리다 176

5

제이미 올리버처럼 요리사를 꿈꾼다면

요리사 진로 탐구

요리사의 세계가 궁금해요 186

요리사가 되려면 어떤 공부를 해야 하나요? 193

요리 관련, 다른 직업도 알고 싶어요 200

세계의 유명 요리사를 알고 싶어요 202

진짜로, 제이미 올리버를 아세요?

2013년 1월 사람들에게 요리의 즐거움을 알려 준 'TV 프로그램 진행자'
'제이미의 15분 요리' 녹화로 분주한 방송국 스튜디오

"자, 준비됐죠? 카운트다운 들어갑니다."

정면에 걸린 디지털 벽시계에 '15:00'이 선명하게 표시되자, '제이미의 15분 요리' 녹화가 시작됐어요. "여러분, 안녕하세요. 오늘은 닭고기와 쌀국수, 각종 채소를 이용해 세상에서 가장 맛있는 요리를 만들 거예요. 15분 동안 닭구이와 샐러드를 동시에 만들 거니까 정신 바짝 차리고 저를 따라 해 보세요."

제이미는 뜨거운 물에 쌀국수를 넣어 불리고, 닭고기를 양념해 프라이

팬에 굽기 시작했어요. 닭고기가 익는 사이 호박을 다듬어 썰고 상추와 허브 잎을 손으로 뜯어 샐러드를 준비했죠. 그동안 시간이 7분 15초나 지나갔어요. 하지만 제이미는 조금도 당황하지 않았어요. 대신 "오우, 이제 가장 중요한 소스를 만들 차례군요! 저는 이 순간이 가장 즐거워요." 라며 여유를 부렸어요. 어느새 3분밖에 남지 않은 시각, 제이미는 커다란 접시에 쌀국수와 각종 채소를 담고, 한쪽엔 먹음직스러운 닭구이를 담아 요리를 완성했어요.

"여러분도 똑똑히 봐서 알겠지만, 15분은 결코 짧은 시간이 아니에요. 게다가 요리법도 이렇게 쉬우니, 오늘 저녁엔 꼭 닭구이와 샐러드로 맛있는 식탁을 차려 보세요."

2007년 9월 건강한 음식과 행복한 삶에 대한 로망을 심어 준 '베스트셀러 작가' 『제이미 앳 홈 Jamie at Home』 출판기념 사인회가 열린 서점

"제이미, 제가 얼마나 열렬한 팬인 줄 모르시죠? 당신이 나온 TV 프로그램 중에 안 본 게 단 한 편도 없다니까요. 아이가 가장 좋아하는 애플파이를 소개할 때는 프로그램을 녹화해서 열 번도 넘게 봤어요."

텃밭에서 키운 채소와 집닭이 낳은 달걀, 강에서 잡은 물고기로 '가정식 웰빙 음식'을 만드는 제이미의 책 『제이미 앳 홈』 출판기념회가 있던 날, 현장에 나타난 제이미를 보고 사람들은 열광했어요. 책은 물론, 옷이나 가방을 내밀며 사인해달라고 하는가 하면, 제이미의 시골집에 초대해

주기를 간절히 부탁하는 팬도 있었어요. 제이미는 조금 당황했지만, 기분이 나빠진 않았어요.

"여러분, 조금 수고스럽지만 집에서도 얼마든지 채소를 기를 수 있어요. 작은 화분만 있으면 가능해요. 손쉽게 기를 수 있는 허브부터 심어 보세요. 여러분의 식탁이 지금보다 훨씬 건강해질 거예요."

제이미는 출판기념회장을 쩌렁쩌렁 울리는 자신감 넘치는 목소리로 사람들에게 용기와 자신감을 심어 줬어요.

2009년 4월 세계 정상들의 식탁을 책임진 '총주방장'
G20 정상회의 만찬을 준비하는 주방

2009년 4월, G20 정상회의세계 주요 20개국이 회원으로 활동하는 국제기구가 열린 영국 런던. 회의장 분위기는 엄숙했어요. 세계 각국의 정상들이 모이는 만큼 철저한 경호와 보안은 필수였죠. 그런데 회의장 이상으로 팽팽한 긴장감이 감도는 곳이 한군데 더 있어요. 그곳은 바로 정상들의 만찬을 준비하고 있는 주방이에요.

"여러분, 오늘 우리가 가장 중요하게 생각해야 할 것은 바로 재료 자체의 맛과 싱싱함이에요. 세계 정상들에게 최고의 만찬을 제공하기 위해선 음식의 온도와 담는 순서, 소스를 얹는 방법까지 신중을 기해야 합니다."

전에 없이 진지하고 날카로워 보이기까지 하는 남자, 바로 이곳 주방을 진두지휘하고 있는 제이미였어요.

"세상에, 영국에서 이렇게 훌륭한 음식을 먹게 될 줄이야, 제이미란 친구 정말 기대 이상인걸!" 청정 바다에서 잡은 연어와 친환경 양고기, 야생 버섯과 싱싱한 아스파라거스, 허브로 차려 낸 음식을 맛보자, 세계 정상들은 입을 다물지 못했어요.

2005년 3월 아이들의 건강한 식단을 위해 노력하는 '학교급식 개선 운동가'
어느 초등학교의 점심 시간

드르륵 쿵쾅. 점심을 먹고 있던 아이들의 눈이 휘둥그레졌어요. 식당 문을 열고 들어온 덩치 큰 아저씨 때문이에요. 개구쟁이처럼 생긴 아저씨는 초록색 콩 모양의 옷을 뒤집어쓰고 나타나 "어린이 여러분, 안녕! 콩 아저씨가 여러분을 만나러 왔어요."라고 외쳤어요. 도무지 무슨 말을 하는지 알 수 없던 아이들은 고개를 갸우뚱 하며 서로의 얼굴을 바라보았어요. "여러분 중에 콩을 먹어본 사람, 손 들어봐요!" 하지만 손을 든 아이는 아무도 없었어요. 제이미는 재빨리 "이를 어쩌나, 여러분 내가 바로 콩이에요! 오늘 아저씨가 여러분과 함께 콩으로 세상에서 가장 건강하고 맛있는 음식을 만들 거예요."라고 말했어요.

그날 아이들은 세상에 태어나 처음으로 '말하는' 콩을 보았고, 자기 손으로 직접 '콩 요리'를 만들었어요.

평소 체크무늬 남방에 헐렁한 청바지만 고집하던 제이미가 오늘은 웬일인지 말끔하게 정장을 갖춰 입고 집을 나섰어요. 설레는 가슴을 안고 도착한 곳은 일반 시민은 평생 한 번도 출입하기 어려운 영국의 왕실! 특별 손님으로 초대받은 제이미는 얼마 후 단상에 서서 한 여인과 마주했어요. 그녀는 다름 아닌 영국 여왕인 엘리자베스 2세.

29살의 앳된 청년에게 MBEMember of the British Empire 훈장을 수여한 그녀는 나지막이 속삭였어요. "당신이 자랑스럽습니다. 우리 영국에 당신처럼 멋진 젊은이가 있다니 얼마나 행복한지 몰라요."

순간, 제이미는 학교급식 개선 운동을 하느라 고군분투하던 날들을 떠올렸어요. 힘들었던 기억이 머릿속에서 모두 사라지는 듯했지요.

"여러분, 잠시 주목해 주세요! 지금 여기에 누가 왔는지 보세요."

한 손에 샴페인 잔을 든 브래드 피트Brad Pitt. 미국의 유명 영화배우가 한껏 상기된 표정으로 목소리를 높였어요. "어머! 저게 누구야? 세상에, 저 친구가 어떻게 이 파티에 초대받았지?" 브래드 피트의 친구들은 고개를 갸웃거렸어요. "오늘 파티를 빛내 줄 최고의 셀러브리티를 소개할게요. 지금 여러분이 드시고 있는 요리를 만들어 준 영국의 스타 요리사, 제이미 올리버예요."

사람들은 호기심 가득한 표정으로 제이미를 바라봤어요. "며칠 전, 브래드 피트가 전화를 걸어 이렇게 말하더군요. '제 사랑스러운 애인을 위해 최고의 음식을 만들어줄 수 있나요?' 전 단 1초의 망설임도 없이 '브래드, 과연 그걸 거절할 바보가 세상에 있을까요?' 라고 답했답니다."

요리사, TV 프로그램 진행자, 베스트셀러 작가, 학교급식 개선 운동가, 영국 왕실이 인정한 애국자, 세계 유명 배우들과 친한 셀러브리티. 이게 다가 아니에요. 제이미 올리버는 광고 모델 겸 기획자로도 활동했고, 현재 전 세계 수십 개 체인점을 갖춘 레스토랑의 사장이자 프로덕션 회사의 대표이며, 사회적 기업의 회장인 동시에 자신의 브랜드를 걸고 비즈니스를 하는 사업가이기도 해요.

누구는 제이미를 '요리사'라고 부르고 다른 누군가는 '음식 혁명가'라 부르며 또 다른 누군가는 '미디어 전문가', 또는 'TV 스타'라고 부르죠. 믿을 수 없겠지만, 제이미는 혼자서 이 많은 분야의 일을 훌륭히 소화했어요. 바로 '요리'라는 공통분모를 통해서 말이죠!

요리사로서 할 수 있는 직업의 세계를 무한대로 확장해나간 제이미 올리버, 그는 다양성의 시대, 21세기가 요구하는 대표적인 인물이라고 할 수 있어요.

1

Jamie Oliver

요리사를 꿈꾸는
엉뚱 발랄한 아이

레스토랑에서
자란 아이

말을 배우기 시작하면서부터 꼬마 제이미는 부모님이 경영하는 레스토랑에서 노는 걸 좋아했어요. 여덟 살이 되던 해엔 아버지의 제안으로 레스토랑에서 일을 시작하면서 주방에서 벌어지는 신기한 요리의 세계를 처음으로 경험했어요. 관찰력이 뛰어난 덕일까요? 제이미는 자신이 좋아하는 사탕을 봉지째 사서 아이들에게 낱개로 파는 사탕 가게 주인이 되기도 했죠. 자, 이제 엉뚱하지만 미워할 수 없는 아이, 제이미 올리버의 어린 시절 이야기를 시작해 볼게요.

제이미는 1975년 5월 25일, 영국 에식스Essex주의 클레이버링 Clavering이란 곳에서 태어났어요. 바로 옆에 스토르트 강River Stort과 넓은 벌판이 펼쳐져 있는 클레이버링은 케임브리지에서 남쪽으로 32km 떨어져 있는 작은 마을이랍니다. 이곳에서 더 아래쪽으로 내려가면 영국의 수도인 런던이 자리하고 있죠.

제이미의 아버지 트레버 올리버Trevor Oliver와 어머니 샐리 올리버 Sally Oliver는 이곳에서 '더 크리켓터즈The Cricketers'라는 이름의 펍pub, 술을 비롯해 음료와 음식을 파는 카페 겸 레스토랑을 운영했어요. 더 크리켓터즈는 마을의 사랑방 같은 편안한 식당이었어요. 하루 일을 끝낸 아저씨들이 모여 맥주를 마시거나 동네 아주머니들이 늦은 아침을 즐기기도 했죠. 꼬마 제이미는 이곳을 놀이터 삼아 놀았어요.

"폴 아저씨, 에밀리는 지금 뭐해요? 저랑 블록 쌓기 하기로 했는데, 혹시 잊어버리진 않았겠죠?"

"하하, 설마 에밀리가 그걸 잊었겠니? 바비큐 파티 때 너랑 그렇게 단단히 약속했는데 말이야. 언제든 우리 집에 놀러 오렴. 지금 에밀리는 아마 로지 언니와 동화책을 읽고 있을 거야."

"제이미! 이제 손 씻고 저녁 먹을 준비해야지!"

"네 엄마, 오늘은 제가 직접 콘수프를 덜어 먹을래요!"

제이미는 급히 뛰어가 엄마 품에 안겼어요. 레스토랑을 찾은 동네 어른들과 스스럼없이 말을 주고받는 아이, 노란색 곱슬머리에 말도 야무지게 잘하는 제이미를 동네 사람들은 무척 예뻐했답니다.

레스토랑이 갑갑하게 느껴질 때면 제이미는 밖으로 나가 들판을 뛰어다니기도 했어요. 마을을 가로지르는 스토르트 강도 제이미에 겐 훌륭한 놀이터였죠. 제이미는 방에 틀어박혀 TV를 보거나 그림을 그리는 것보다 난생처음 보는 꽃과 나무에 이름을 지어 주며 노는 걸 훨씬 더 좋아했어요.

여덟 살 꼬마 제이미, 일을 시작하다

그런데 시간이 지나면서 부모님이 보기에 제이미의 말이나 행동이 지나치다 싶은 때가 늘어났어요. 아무렇지도 않게 큰 소리로 어른들이 사용하는 거친 농담을 하기도 했어요. 손님들로 레스토랑이 분주할 때는 제이미가 좀 성가시기도 했죠. 어여쁜 아들이긴 해도 말이에요.

"제이미, 가끔은 네 말과 행동이 마음에 걸리는구나. 여긴 아빠, 엄마가 일하는 곳이지 네 놀이터는 아니야."

"제가 뭘 잘못했는지 가르쳐 주세요. 아저씨들 말을 따라 하지 않으면 레스토랑에 와도 되는 건가요?"

시무룩해진 제이미는 걱정스러운 표정으로 물었어요.

"레스토랑에 오든 안 오든, 예의 바르지 못한 행동은 고쳐야 해.

그리고 제이미, 하루가 멀다고 레스토랑에 오는 건 좋지 않아."

제이미는 금방이라도 울어버릴 듯한 얼굴이 되었어요. 마음 약한 어머니가 난감한 표정을 짓자 아버지가 나섰어요.

"제이미, 레스토랑에서 노는 게 그렇게 좋으니?"

제이미는 세상에서 제일 불쌍한 표정을 지으며 고개를 끄덕였어요.

"그럼 좋다, 이곳에서 일하겠다면 허락해 주마. 이제 레스토랑은 네 놀이터가 아니라 일터가 되는 거다. 어때, 괜찮겠니?"

제이미는 잠시 어리둥절했지만 이내 밝은 목소리로 아버지의 목을 끌어안으며 속삭였어요.

"아빠, 잘할 수 있어요. 저도 마이클 아저씨처럼 맛있는 스튜를 만들어보고 싶어요."

"허허, 이 녀석 꿈도 야무지네."

그때부터 제이미는 레스토랑에서 '일'을 하기 시작했어요. 냅킨을 접거나 접시를 치우는 일, 또는 감자나 양파를 정리하는 일을 담당하게 되었죠. 제이미의 나이는 고작 여덟 살. 우리나라로 치면 초등학교 1, 2학년인데, 이렇게 어린아이한테 일을 시키다니 너무 가혹한 것 아니냐고요?

그러나 아버지의 생각은 달랐어요. '아무리 어리더라도 부모에게 의지하지 말고 스스로 돈을 벌어야 한다'는 것이 아버지의 교육철학이었어요. 그래야 독립적이고 강인한 사람으로 성장할 수 있다고 믿었어요. 제이미의 아버지는 2009년, 영국 신문 〈더 가디언〉과

제이미가 여덟 살때부터 일을 시작한 부모님의 레스토랑 '더 크리켓터즈' 전경

의 인터뷰에서 이렇게 말했어요.

"나는 아버지의 펍에서 계속 일을 했고, 내 힘으로 돈을 벌었습니다. 은퇴하기 전에 나는 손주들에게 '만약 어떤 것을 얻고자 한다면 그것을 위해 일을 해야 한다'고 가르치고 싶어요."

제이미의 아버지 역시 그의 아버지제이미의 친할아버지가 운영하는 펍에서 일을 했어요. 제이미도 아버지의 경험을 그대로 따른 것이고요. 이처럼 영국을 비롯해 유럽에선 대를 이어 같은 일을 하는 집이 많아요. 이것을 '가업'을 잇는다고 하죠. 가방이나 시계, 유리공예 등 기술 분야를 전수하기도 하고, 작은 음식점 하나를 백 년 이상 집안 대대로 운영하기도 해요. 고조할머니로부터 시작된 손맛이 5대, 6대에 걸쳐 손주들에게까지 이어진다니, 정말 대단하죠.

제이미는 아버지의 가르침을 순순히 따랐고, 레스토랑에서 즐겁게 일했어요. 물론, 아버지는 용돈이 아니라 제이미가 일한 만큼의 임금을 지급했답니다.

제이미 어린이의 사탕 가게

스스로 돈을 벌기 시작한 지 얼마 되지 않아 제이미는 한 가지 재미있는 사실을 알게 되었어요.

"스티브, 오늘은 토마토와 브로콜리가 싱싱한걸. 감자 수프와 곁들일 샐러드를 만들면 아주 근사하겠어. 두 묶음씩 주고 가구려."

맛있는 음식을 위해 재료를 아끼지 않던 제이미의 아버지는 신선한 채소만 보면 싱글벙글 미소가 떠나지 않았어요. 제이미의 부모님은 식료품 도매상인인 스티브 아저씨에게 밀가루나 고기, 올리브유 등 신선한 재료들을 매일 사들였어요. 그중에는 부모님과 함께 레스토랑을 찾은 어린이를 위한 사탕도 끼어 있었는데, 제이미는 사탕 가격을 보고 눈을 번쩍 떴어요.

"스티브 아저씨, 사탕 한 봉지가 1파운드 20펜스약 2150원밖에 하지 않네요. 마트에선 2파운드약 3600원에 파는데 말이에요."

"제이미, 어떻게 그런 걸 다 눈치챘니? 사탕을 마트에서 사면, 마트 직원 월급이나 운영비가 포함되어서 값이 더 비싼 거란다."

이 말을 듣고 보통 아이라면 어떻게 생각할까요? '와, 신 난다! 이제부터는 마트에 가지 말고 스티브 아저씨에게 사탕을 사 먹어야지' 정도가 아닐까요?

제이미도 처음에는 그렇게 생각했을지도 몰라요. 하지만 제이미는 여기서 한발 더 나아간 기발한 생각을 했어요. 그리고는 스티브 아저씨에게서 자기가 좋아하는 사탕을 듬뿍 샀어요.

"제이미, 설마 그 많은 사탕을 혼자 먹겠다는 건 아니겠지? 아마 한 달 내내 먹어야 할 텐데 말이야."

스티브 아저씨는 눈이 휘둥그레져서 제이미를 바라봤어요.

"설마 그럴 리가요. 걱정하지 마세요, 아저씨. 조만간 아저씨한테 더 많은 사탕을 사게 될 거예요."

제이미는 빙그레 웃으며 신바람 나게 집으로 달려갔어요. 그리곤 야심 차게 사들인 사탕 봉지들을 책가방에 차곡차곡 넣었어요. 다음 날 아침, 볼록해진 가방을 메고 학교에 간 제이미는 친한 친구들을 불러 모았어요.

"제이크, 나에게 아주 재미있는 아이디어가 있는데, 락커개인 물품 보관함 좀 빌려줄 수 있니?"

친구들은 어리둥절한 표정을 지었지만, 제이미가 무슨 일을 꾸미는 건지 보고 싶은 마음에 순순히 락커를 빌려주었어요.

제이미는 친구들에게 빌린 락커를 근사한 사탕 가게로 변신시켰어요. 제이미 생애 최초의 사업이 시작된 거죠! 제이미는 사탕으로 가득 찬 락커를 자물쇠로 단단히 잠가 놓고는 사탕을 사려는 친구가 나타나면 얼른 락커로 달려가서 사탕을 팔았어요.

"와 빌, 사탕 어디서 난 거야?"

"너, 제이미 얘기 들었어? 사탕 한 개에 2펜스약 36원 받고 판대."

"어디서?"

"저기 복도 끝 락커에 사탕이 한가득이야."

"나, 어제 동생이랑 놀아 주고 엄마한테 용돈으로 2펜스 받았는데. 얼른 제이미한테 가야지!"

"나도! 나도!"

봉지째 파는 사탕을 낱개로 살 수 있고, 또 단돈 2펜스만 있어도 먹을 수 있다니, 제이미의 사탕 가게는 금세 학교 전체에 소문이 났어요. 아이들이 좋아하는 것만 쏙쏙 골라 모은 제이미의 사탕은 그야말로 날개 돋친 듯이 팔려나갔답니다. 얼마나 인기가 좋았는지 제이미는 일주일에 30파운드약 5만 3700원 정도를 벌었대요. 여덟 살 난 꼬맹이가 벌어들인 수입이라고 하기엔 놀랄만한 액수죠?

제이미는 마트에서 한 봉지당 2파운드약 3600원에 파는 사탕을 스티브 아저씨에게 1파운드 20펜스약 2150원에 사서 친구들에겐 1파운드 70펜스약 3045원 정도의 가격에, 그것도 낱개로 나눠서 팔았어요. 그러면 제이미한테는 한 봉지당 50펜스약 895원가 남겠죠? 결국, 제이미는 친구들이 싼값에 사탕을 사 먹을 수 있게 하면서 자기도 이익을 챙길 수 있었던 거예요.

후에 제이미가 사업가로 크게 성공할 수 있었던 것도 어릴 적부터 이런 계산에 밝았기 때문인지도 모르겠네요. 그렇다고 제이미를 어릴 때부터 돈에 눈이 먼 장사꾼으로 보진 말아 주세요. 이건 하나의 재치 있는 도전일 뿐이니까요.

요리사의 꿈을
펼치다

중등 교육을 마친 제이미는 요리학교에 진학해 요리사가 갖춰야 할 실력을 차근차근 다져나갔어요. 졸업 후엔 요리사를 꿈꾸는 젊은이라면 누구나 들어가고 싶어 하는 유명한 레스토랑에 당당히 취업도 했어요. 그러나 학창시절, 제이미의 삶은 결코 순탄치 않았어요. 벗어던질 수 없는 짐처럼 제이미를 괴롭히는 문제가 하나 있었거든요. 세상에 잘 알려지지 않은 제이미의 비밀, 지금까지도 제이미를 따라다니며 곤혹스럽게 만드는 콤플렉스는 과연 무엇일까요?

열세 살, 레스토랑의 일원이 되다

제이미는 열세 살이 되자 부모님의 그림자를 벗어나 다른 레스토랑에서 일하기 시작했어요. 그곳은 그레이트 던모우Great Dunmow에 있는 '더 스타The Starr'라는 이름의 레스토랑이었어요. 제이미가 어떻게 이 레스토랑에서 일하게 됐는지는 구체적으로 알려진 바가 없어요. 아마도 어린 나이지만 부모님을 도와 열심히 일하는 제이미를 눈여겨본 누군가가 제안을 하지 않았나 싶어요.

제이미는 부모님의 레스토랑에서 그랬던 것처럼 더 스타에서도 처음엔 홀 테이블을 정리하고 냅킨을 접었어요. 음식 재료를 냉장고에 수납하는 일도 했고요.

'제이미 녀석, 꽤 눈썰미가 좋은데. 시험 삼아 감자 깎는 일 좀 시켜볼까?'

제이미는 주방장의 눈에 들어 차츰 채소나 고기를 손질하고 썰거나 다지는 등 주방 보조일까지 하게 되었어요.

'그래, 이제 나도 진짜 요리사가 되는 거야!'

부모님의 레스토랑 주방에서 요리사들이 능숙한 솜씨로 스테이크를 굽고 파스타를 삶는 모습을 보고 자란 덕에 제이미는 일찍부터 요리에 관심을 가져왔는데, 드디어 레스토랑에서 인정하는 주방의 일원이 되니 기뻐서 심장이 콩닥콩닥 뛸 정도였어요. 워낙 적극적인 성격인데다 요리하는 것도 좋아했기에, 금세 주방 일에 적응

했어요. 제이미는 채소를 썰고 소스를 만들고 고기도 구웠어요.

"제이미, 주방 일이 어렵지 않니?"

"아니요. 저는 주방에서 일하는 게 세상에서 제일 좋아요!"

선배 요리사들은 '저 녀석, 부모님의 피를 물려받은 게 틀림없군. 손재주가 아주 남달라' 하며 감탄사를 터뜨리기도 했어요. 타고난 감각에 더해 성실하게 실력을 키워나간 제이미는 어느새 열 살이나 많은 선배 요리사들을 대신할 정도가 되었어요. 요리사로서 당당히 인정을 받은 제이미의 가슴은 한껏 부풀어 올랐답니다.

아, 그럼 학교생활은 어떻게 했느냐고요? 걱정하지 마세요. 학교에서 돌아온 후에 아르바이트한 거니까요.

제이미의 비밀, 난독증

그렇게 학교와 레스토랑을 오가며 요리에 푹 빠져 살던 제이미는 어느새 열다섯 살이 되었어요. 목소리도 걸걸해지고 근육도 더욱 단단해진, 누가 봐도 어엿한 청년이 된 거죠. 내년이면 열여섯 살. 제이미는 일생일대의 선택을 해야 하는 갈림길에 섰어요. 영국에선 의무교육인 중등 과정까지 모두 마치고 열여섯 살이 되면 사회로 진출하기 위해 직업교육을 받거나, 대학에 진학하는 것 중에 하나를 선택해야 하거든요.

잠시 고민에 빠지는가 싶었던 제이미는 금방 결단을 내렸어요.

요리사를 꿈꾸는 엉뚱 발랄한 아이

'난 요리를 계속 하는 게 좋겠어. 어쩌면 나에게 요리는 운명 같은 것일지도 몰라.' 열여섯 살이 되기 전까지 제이미가 걸어온 길이 이미 '미래의 요리사'를 예측하기 충분했지만, 사실 제이미가 요리를 '운명'이라고 생각한 데에는 중요한 이유가 있었어요. 공부를 잘하기에는 심각한 문제점을 안고 있었거든요.

"제이미, 일어나서 칠판에 적힌 글을 읽어 보렴."

"……"

"제이미, 설마 글을 모르진 않을 테고, 왜 그러니? 혹시 어디 아픈 거니?"

"……"

제이미는 얼굴이 홍당무처럼 붉어졌어요. 물론 선생님 말씀처럼 글을 모르는 건 아니었어요. 하지만 입을 열어 글을 읽으려고 하면 머릿속에서 단어들이 뒤죽박죽되어 제대로 발음할 수가 없었어요.

바로 난독증 때문이었어요. 난독증이 뭐냐고요? 난독증이란, 단어를 정확하게 읽거나 인지하지 못하는 학습장애의 일종이에요. 단어를 기억해 내는 게 어렵거나 문장을 읽어도 뜻을 잘 인지하지 못하고 철자를 자주 틀리기도 해요. 물론 글을 쓰는 데도 어려움을 겪죠. 가령 스파게티를 '파스게티'로, 헬리콥터를 '헤콜립터' 등으로 발음하기도 해요. 그렇다고 선천적으로 지능이 떨어지거나 신체에 이상이 있어서 이런 증상을 보이는 것은 아니에요.

실제로 세계적으로 존경받는 인물 중에도 난독증을 겪은 사람이

제법 많아요. 레오나르도 다빈치는 노트에 기록할 때 거울에 비친 것처럼 글씨를 거꾸로 썼고, 파블로 피카소는 글자와 숫자 외우기를 어려워해 청소년기까지 글씨를 쓰지 못했어요. 또 토머스 에디슨은 '선생님은 나의 머리가 썩었다고 했다. 나는 내가 정말 저능아인 줄 알았다'고 고백할 만큼 언어 표현 능력이 엉망이었어요. 영화배우 톰 크루즈도 대본을 읽어주는 개인 코치가 있을 정도로 난독증이 심각하답니다. 그가 영화에서 보여준 멋진 대사들이 모두 귀로 들어서 외운 것이라니 놀라운 일이죠.

여기서 잠깐

영국의 교육 제도가 궁금해요

영국의 의무교육은 만 5세부터 시작해요. 5세부터 10세까지 6년 동안 초등학교를 마치고 11세에 우리나라로 치면 중학교와 고등학교를 합친 세컨더리 스쿨Secondary School에 진학하죠. 그리고 16세가 되면 진로를 결정해요. 대학 진학을 목표로 한다면 A-level 과정을, 직업을 준비하고자 한다면 전문학교를 선택하죠.

이중 대학 진학을 목표로 공부를 계속하고자 하는 학생들은 초중등 11년 동안 받은 교육에 대한 시험을 치러요. 이 시험을 GCSE 라고 부르는데, 다섯 과목 이상 합격해야 A-Level 과정을 밟을 자격을 줘요. A-Level 과정에 들어간 학생들은 2년 동안 대학 진학을 위한 준비를 하고, 18세가 되는 해에 대학에 진학하죠. 우리나라와 달리 영국의 대학교 교육 과정은 3년, 대학원은 1년, 그리고 박사 과정은 3년이에요.

참고로, 제이미처럼 GCSE에서 다섯 과목 이상 통과하지 못한 학생들은 2년간 직업 훈련을 받고 사회로 나가게 된답니다.

제이미 역시 학교 공부에 어려움을 겪었어요. 자신감이 넘치고 자존심도 강한 그였기에 공부를 게을리하진 않았지만, 읽는 게 쉽지 않은 현실은 답답하기만 했어요.

결국, 제이미는 중등교육자격시험인 GCSE The General Certificate of Secondary Education. 중등 교육을 제대로 이수했는지 평가하는 국가 검정 시험에서 미술과 지질학 두 과목밖에 통과하지 못했고, 대학 진학 준비 과정을 이수할 자격을 얻지 못했어요.

난 바보가 아니야

제이미는 좌절했을까요? 전혀 그렇지 않았어요. 글 읽는 재주는 타고나지 못했지만, 자신이 좋아하는 요리만은 누구보다 잘할 자신이 있었거든요. 제이미는 대학교 대신 요리사를 양성하는 전문학교인 WKC요리학교Westminster Kingsway College에 진학하기로 결심했어요. 우리나라로 치면 고등학교에 진학할 나이에 스스로 자신의 미래를 선택한 거죠.

'이제 학교에서 요리를 정식으로 공부할 수 있게 되었다니, 정말이지 오늘 같은 날을 얼마나 기다렸는지 몰라!'

열여섯 살에 WKC요리학교에 입학한 제이미는 자신의 멋진 미래를 상상하며 가슴이 벅차올랐어요. 어렸을 때부터 어깨너머로 요리를 배웠지만, 주방 보조 입장이라 다양한 시도를 해 볼 기회가 없었거든요. 레스토랑에서 취급하는 메뉴의 수가 한정적인 것도 갑갑하게 느껴졌고요. 그런데 이제 학생의 입장에서 교수님들, 즉 요리 전문가들에게 체계적으로 요리를 배울 수 있다니, 꿈을 꾸는 듯 기뻤죠. 제이미는 요리학교에서 음식을 만드는 방법은 물론, 음식을 서브하는 방법과 위생학, 건강과 안전 등 요리사가 갖춰야 할 다양한 지식도 배울 수 있었어요.

하지만 난독증을 겪고 있는 제이미로서는 아무리 어렸을 때부터 익숙해진 요리 분야라 해도 '공부'를 하기는 쉽지 않았어요. 특히 재료의 특성을 분석하고 조리과정에서 일어나는 성분 변화 등을 습득하는 식품학을 가장 어려워했어요.

"도대체 이 많은 기호는 무슨 뜻일까? 철자도 제대로 읽지 못하는 나에게 식품학은 마치 우주인이 쓰는 외계어나 다름없어!"

제이미는 한숨을 내쉬었지만, 곧 마음을 추슬렀어요. '내가 글을 잘 읽지 못하는 건 바보여서가 아니야. 빨리 달리지 못하고, 노래를 잘하지 못한다고 해서 바보는 아니니까.'

제이미는 친한 친구들에게 도움을 요청했어요.

"마이크. 너도 느꼈겠지만, 난 사실 글을 잘 읽지 못해. 요리 실습 시간에 힘껏 널 도울 테니, 식품학 교재 요약본을 네 목소리로 녹음해 줄 수 있겠니?"

제이미는 종이에 쓰인 글을 읽는 대신, 소리로 기억하는 방법을 택했고, WKC요리학교의 전 과정을 무난히 소화해 냈어요.

요리사를 꿈꾸는 엉뚱 발랄한 아이

1910년에 설립된 WKC요리학교는 영국에서 가장 규모가 큰 요리학교예요.
런던 중심에 자리하고 있고, 제이미 올리버와 고든 램지를 배출해 더욱 유명해졌답니다.

그러나 성인이 된 후에도 난독증은 제이미를 줄곧 따라다녔어요. 네 아이의 아빠가 된 이후, 제이미는 한 언론 매체를 통해 자신이 난독증임을 밝히기도 했어요.

"난 평생 단 한 권의 책도 읽어본 적이 없습니다. 내가 책 읽는 소리를 들으면 상대방이 나를 믿을 수 없을 정도로 무식하다고 느낄 것입니다."

"때때로 어떤 날은 신기할 정도로 책을 잘 읽기도 하지만, 또 어떤 날은 마치 다섯 살 꼬마 아이처럼 어눌하게 책을 읽기도 한답니다."

학창시절에 그랬던 것처럼 제이미는 자신의 콤플렉스를 부끄러워하지 않고 당당하게 고백했어요. 제이미의 이런 자세는 난독증으로 괴로워하는 많은 사람에게 용기를 주었답니다.

진짜 직업을 찾다

WKC요리학교를 졸업한 제이미는 요리에 대한 남다른 관심과 탐구정신, 그리고 난독증마저 재치 있게 극복한 열정 덕분에 요리사를 꿈꾸는 사람이라면 누구나 들어가고 싶어 하는 '닐 스트리트 레스토랑Neal Street'의 직원이 되었어요. 그리고 이 레스토랑의 사장이자 이탈리아 요리의 대가인 안토니오 카를루치오Antonio Carluccio에게 직접 요리를 배우는 기회를 얻게 되었죠.

요리사를 꿈꾸는 엉뚱 발랄한 아이

'안토니오 카를루치오 같은 대가를 스승으로 모시게 되다니, 아, 난 정말 행운아야!' 제이미는 믿을 수 없을 정도로 기뻤어요. 매일 레스토랑으로 출근하는 길이 꿈만 같았죠.

그도 그럴 것이 안토니오 카를루치오는 20여 권의 요리책을 내고, 영국 BBC 방송국에서 자신의 이름을 건 요리 프로그램을 여러 개 진행할 만큼 실력이 뛰어난 이탈리아 요리사였거든요.

이탈리아 요리에 관심이 많았던 제이미는 안토니오 카를루치오를 멘토로 모시며 이탈리아식 수제 빵과 다양한 종류의 파스타, 샐러드 소스 등 이탈리아 요리의 기초를 탄탄하게 다져나갔어요. 제이미는 이탈리아 요리에 대한 자신감을 얻었고, 후에 유명한 TV 스타가 되어 요리 프로그램을 진행할 때나 푸드 운동가로 활동할 때도 안토니오 카를루치오의 가르침을 늘 잊지 않았어요. 바로 이탈리아 요리의 기본이자 철학인 '맛있는 음식은 신선하고 정직한 재료에서 비롯된다'였지요.

닐 스트리트 레스토랑에서 페이스트리 셰프로 실력을 쌓은 올리버는 서 런던에 위치한 리버 카페River Cafe에서 부주방장으로 일하게 되었어요. 리버 카페는 프랑스 파리의 퐁피두센터를 설계한 세계적인 건축가 리차드 로저스Richard Rogers가 설계했어요. 뒤로는 숲이 무성한 공원이 있고, 앞으로는 그림 같은 템즈Thames 강이 흘러 낭만적인 분위기를 자아낸답니다.

그럼, 음식 맛은 어떨까요? 환상적인 입지와 고급스러운 인테리

제이미 올리버, 즐거운 요리로 세상을 바꿔

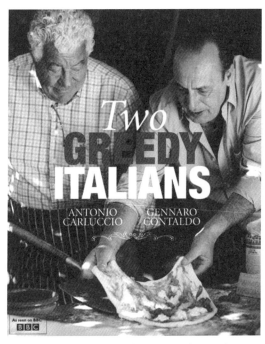

널 스트리트 레스토랑에서 제이미 올리버에게 이탈리아 요리를 가르친
안토니오 카를루치오와 제나로 콘탈도. 두 사람은 함께 이탈리아 요리 프로그램을 진행하기도 했어요.

제이미 올리버가 부주방장으로 일했던 런던 리버카페

어에 걸맞게 리버 카페는 최고의 요리사가 최고의 재료로 최고의 요리를 선보였어요. 런던의 내로라하는 재력가나 유명 연예인 등이 제집처럼 드나들며 "와 정말 최고야!", "세상에, 이런 맛은 처음인걸!"이란 감탄사를 터뜨렸답니다.

리버 카페가 내세운 또 하나의 자랑거리는 손님들이 식사하면서 주방을 한눈에 볼 수 있도록 만든 오픈 키친이었어요. 지금이야 오픈 키친이 비교적 흔해졌지만, 당시만 해도 이러한 시도는 매우 신선한 도전이었답니다. 라이브로 요리 쇼를 보는 느낌이랄까? 테이블에 모여 앉은 손님들은 마치 공연을 보듯 요리사들의 마술 같은 손놀림에 감탄사를 터뜨렸죠.

"세상에, 어쩜 저렇게 스테이크를 눈 깜짝할 사이에 구워내지?"

"여보, 저것 좀 봐요. 연어 샐러드가 붉은 장미처럼 아름다워요!"

"어쩜 저렇게 놀라운 재주를 가졌다니, 저 요리사의 부인은 얼마나 좋을까?"

리버 카페 요리사들 역시 손님들의 반응을 보며 어깨가 으쓱해졌어요. 덕분에 리버 카페의 분위기는 다른 레스토랑에 비해 한층 편안하고 활기찼죠. 리버 카페의 흥미로운 도전과 훌륭한 음식 맛은 사람들의 입을 타고 런던 전체로 퍼져 나갔답니다.

제이미는 WKC요리학교와 닐 스트리트 레스토랑, 리버 카페를 거치며 어엿한 요리사로 실력을 인정받기 시작했어요. 비록 절대 미각을 가졌다거나 공부하는 머리가 뛰어나진 않았지만, 일찌감치 자신이 가고자 하는 길을 정해 꾸준히 노력한 덕분이었어요.

그는 작은 레스토랑을 운영하는 평범한 집안의 아들로 태어나 난 독중까지 앓고 있었지만 포기하거나 자신의 처지를 탓하지 않았어요. 현실을 회피하거나 절망하는 대신, 더 나은 자신을 만들기 위해 노력했죠. 그리고 항상 자신이 이루고자 하는 꿈을 머릿속에서 떠나보내지 않았어요.

밥을 먹고 이야기를 하고 멍하니 창밖을 바라볼 때도 언제나 요리에 대한 생각으로 가득했기에 그는 외로울 틈이 없었어요. 바로 요리를 하고 싶다는 간절한 마음, 그리고 한다면 누구보다 잘해야겠다는 욕심과 열정 때문이었어요.

그렇다 해도, 요리사로 사는 하루하루가 결코 녹록하지는 않았어요. 예쁘고 화려한 모양의 요리만 보고 주방 안도 그렇게 평화롭고 아름다울 거라고 생각한다면, 크게 오산이에요.

점심이나 저녁 시간, 한창 바쁠 때 레스토랑의 주방을 들여다보면 그야말로 전쟁터를 방불케 하거든요. 쉴 새 없이 주문서가 날아들고 요리사들은 고기를 굽거나 샐러드를 만들고 파스타 면을 삶는 등 저마다 맡은 일을 하느라 숨 쉴 틈이 없어요. 잠시라도 앉아있는 건 꿈도 꾸지 못하고, 다리가 퉁퉁 붓고 허리가 끊어지도록 꼼짝없이 서서 마지막 주문을 소화할 때까지 요리를 해야 해요.

게다가 자칫 잘못하면 흉기로 변해 사람을 다치게 할 수도 있는 칼과 불을 다루는 만큼, 규칙과 질서가 아주 엄격해요. 평소에는 자상하고 배려심 깊은 선배일지라도 주방에서만큼은 실수를 용납하지 않거든요. 혹시 잘못해서 칼을 떨어뜨리거나 불 조절을 못 해 냄비를 태우기라도 하면 그대로 욕설이 날아오는 것은 기본이고, 무릎을 걸어차이기도 해요.

제이미 역시 예외는 아니었기에, 주방에 들어가면 나오는 시간까지 목이 뻣뻣하게 굳고 침이 바짝바짝 마를 정도로 긴장하는 날들이 이어졌어요.

더구나 지독한 난독증으로 메모에 의지할 수도 없어서, 어려운 요리법을 전부 머릿속에 입력해야만 했어요. 제이미는 레스토랑에서 새로운 음식을 선보일 때마다 잠을 못 잘 정도로 긴장하곤 했어요. 글로 쓰거나 읽는 것이 자유롭지 못하니, 남들이 메모를 할 때 그는 요리의 과정을 하나하나 그림으로 그려 외우고 또 외웠어요. 제이미에게 최선은 반복 또 반복뿐이었어요.

제이미가 비교적 어린 나이에 리버 카페 부주방장이 될 수 있었던 데는 그처럼 지독한 노력과 아픔, 눈물이 있었던 거예요. 어린 시절부터 간절하게 되고 싶던 요리사, 그럼 제이미의 꿈은 세계에서 요리를 가장 잘하는 사람, 또는 세계에서 가장 장사가 잘되는 레스토랑의 주인, 뭐 그런 것이었을까요?

그보다 제이미는 요리를 통해 더 많은 사람이 행복하고 건강해지기를 바랐어요. 자신이 요리하면서 느끼는 즐거움을 다른 사람들도 느끼길 원했던 거예요. 이러한 꿈을 실현하기 위해 제이미가 어떤 일들에 도전했는지는 계속해서 나올 테니, 앞으로 차분하게 이야기를 풀어 보도록 해요.

요리사를 꿈꾸는 엉뚱 발랄한 아이

School of Business
and Enterprise

TV 스타가 된

제이미

제이미, 요리에 대한
고정관념을 깨다

난생처음 TV 프로그램에 출연한 제이미는 카메라를 두려워하지 않았어요. 요리 프로그램, 《더 네이키드 셰프The Naked Chef》를 통해 제이미는 '요리하는 남자는 매력적이다', '요리는 어렵고 성가신 것이 아니라 즐거운 놀이다'라는 생각을 시청자들에게 심어 주었어요. 요리에 대한 고정관념을 보기 좋게 깬 제이미는 영국을 넘어 세계적으로도 유명한 스타 요리사가 되었답니다.

BBC에서 러브콜을 받다

자, 그럼 이제 제이미가 어떻게 방송을 타게 됐는지 이야기를 시작해 볼까요? 제이미가 스물한 살 되던 해인 1996년, 리버 카페를 찾은 사람 중에 영국의 공영 방송국 BBC의 프로듀서가 있었어요. 그는 크리스마스 시즌을 맞아 분주한 리버 카페의 주방 모습을 정해진 대본 없이 다큐멘터리로 찍고 싶다며 제이미에게 말을 걸어왔어요.

"제이미, 괜찮다면 TV에 한번 출연해 줄 수 있겠어요?"

"제가요? 저는 부주방장에 불과한 걸요. 저보다는 안토니오 카를루치오가 나오는 게 더 좋지 않을까요? 아시겠지만 그분은 저하고 비교할 수 없을 정도로 유명하세요."

"그는 이미 자신의 이름을 건 프로그램이 여러 개인 걸요. 게다가 이번 프로그램엔 신선한 인물을 등장시키고 싶어요. 설마, 정말 싫어서 그러는 건 아니겠죠?"

'내가 TV에 나온다고?!' 잠시 어리둥절했지만, 제이미의 심장은 주체할 수 없을 정도로 콩닥거렸어요. 제이미는 방송 출연을 흔쾌히 승낙했고, 촬영에 들어갔어요.

TV 앞이라고 해서 얌전을 빼거나 얼어붙을 제이미가 아니죠. 그렇다고 과장하지도 않았어요. 딱 자신의 평소 모습 그대로를 보여주었어요. 카메라가 돌아가는 동안 분주하게 주방 이곳저곳을 돌아다니며 브로콜리랑 허브를 손질하고 고기를 굽고 파스타를 삶았어요. 리버 카페 오픈 키친에서 보여 주었던 라이브 '요리 쇼' 그대로였죠. 덧붙여진 게 있다면 쉴 새 없이 이야기했다는 거예요. 대본 없는 다큐멘터리였기에 오히려 제이미의 말솜씨는 더욱 빛났어요.

 '방송 경험 한 번 없는 사람이 어쩜 저렇게 떨지도 않고 자연스럽게 잘 할 수 있을까? 게다가 재미있기까지 하다니, 역시 탁월한 선택이었어!'

 요리와 이야기를 동시에 하는 제이미의 능력은 BBC 프로듀서를 깜짝 놀라게 했어요. 새로운 프로그램을 보여 주고 싶어 하는 방송국 프로듀서들은 항상 재능 있는 사람들에 목말라 하지요. 그들에게 걸어 다니며 말을 하고 동시에 카메라를 똑바로 주시할 수 있는 사람을 만나는 건 숲 속에서 바늘을 찾는 것과 같이 어려웠거든요. 물론 17년 전의 상황이니, 지금은 그때만큼 어렵진 않겠지요. 적어도 제이미 올리버라는 롤 모델이 있으니까요.

 드디어 이듬해인 1997년, 《리버 카페의 크리스마스Christmas at The River Cafe》란 제목의 다큐멘터리가 전파를 타고 영국 전역에 방영되었어요. 사람들은 에식스 지방 특유의 거친 발음에 정신없이 수다를 떨어대는 제이미의 등장에 잠시 어안이 벙벙해졌어요.

 노랑머리의 장난꾸러기 같은 청년이 놀이하듯 요리하는 모습은 시청자들의 호기심을 자극하기에 충분했어요. 그동안 사람들 머릿속엔 요리는 어렵고 복잡한 것이고, 숙련된 전문가가 심각한 표정으로 복잡한 기구를 사용해서 만드는 것이란 고정관념이 있었거든요.

그런데 이게 웬일일까요? 훈훈하게 생긴 앳된 청년이 채소는 가로세로 몇 센티미터로 썰어라, 파스타 면은 몇 분 동안 삶아라, 소금은 몇 티스푼을 넣어야 한다는 식의 공식도 없이 그냥 손대중으로 요리를 하는 거죠. 물론, 계량컵이나 저울 따위도 쓰지 않고요. 허브가 필요하면 창가 화분에서 허브 잎을 뜯어 프라이팬에 툭툭 뿌리며 자유분방하게 요리를 하는 거예요. 그런데도 제이미가 만든 요리는 아주 근사하고 맛있어 보였어요. TV 화면을 보면서 침이 꼴깍꼴깍 넘어갈 정도로요.

"아니 뭐가 저렇게 쉬워? 나도 충분히 할 수 있겠는걸!"

"요리를 하려면 거창한 준비 과정이 필요한 줄 알았는데, 전혀 그렇지 않네!"

"아 정말 멋지다! 나한테도 저렇게 요리 잘하는 남자 친구가 있었으면……"

사람들은 제이미에게 홀딱 반해버렸어요. 더러는 "저 친구 뭐야? 방송이 장난도 아니고 말이야."라며 고개를 돌리는 사람도 있었지만, 대부분의 시청자는 "특이한데, 신선하고 재밌어!"라며 흥미를 보였죠.

《리버 카페의 크리스마스》가 방영된 후 제이미는 프로덕션 회사들로부터 러브콜을 받았어요. 제이미의 자유분방한 캐릭터와 카메라를 무서워하지 않는 당당함에 반한 방송 전문가들은 그를 내세워 재미있는 프로그램을 만들 수 있을 거라고 생각했어요. 제이미는 그중 옵토멘TVOptomen Television라는 프로덕션 회사와 계약을 맺고, 1998년부터 2000년까지 3년 동안 BBC에서 방영한《더 네이키드 셰프The Naked Chef》시리즈 세 편을 함께 만들었어요.

'아주 솔직한 요리사'란 뜻의《더 네이키드 셰프*》는 우리나라에서도 방영되어 크게 인기를 얻었답니다.

요리는 재미있는 놀이다

제이미는 요리 프로그램을 하나의 재미있는 쇼로 만드는 데 천부적인 재능을 발휘했어요. 그전까지 요리 프로그램이란, 요리사가 재료를 하나하나 설명한 후 만드는 방법을 자세히 보여 주는 것이 전부였어요. 그러나 제이미는 요리법을 보여 주는 것에 더해 프로그램에 개인적인 이야기를 녹여냈어요.

"이 소고기 안심을 좀 보세요. 색이 곱고 두툼한 게 정말 근사하죠? 이런 소고기 한 점만 있으면 오늘 저녁 누구나 사랑받는 남편이 될 수 있을 거예요. 어릴 적에 저는 아버지 레스토랑에서 요리사 아

* 더 네이키드 셰프

저씨가 스테이크를 굽는 모습을 자주 보았어요. 그 모습이 어찌나 멋지던지, 프라이팬을 한 번만 잡을 수 있게 해 달라고 조르곤 했답니다." 이 정도는 늘 하는 말이었어요. 여기에 더해 제이미는 자신이 만든 음식을 시식하며 "와 정말 놀라워!", "이건 정말이지 믿을 수 없는 맛인걸!"이라며 맛있어 죽겠다는 표정을 짓곤 했어요. 제이미의 이런 익살스러운 말투와 과장된 동작은 폭소를 자아냈고, 사람들은 그를 점점 더 친근하게 느끼게 되었어요.

그런데 여기서 또 한 가지 중요한 사실이 있어요. 제이미가 하는 이런 말과 행동들이 모두 제이미 스스로 생각해 냈다는 점이에요. 작가가 써주는 대본대로 움직이는 대부분의 출연진과 달리, 제이미는 주어진 시간을 온전히 자신의 것으로 소화해 냈어요.

"카메라 감독님, 오늘은 미트볼 스파게티를 만들어 보려고 해요. 고기 완자를 노릇하게 익히는 게 중요하니까 프라이팬 안을 잘 잡아주세요. 한쪽을 익힌 후 뒤집기 전에 프라이팬 모서리를 톡톡 두 번 칠게요. 그 순간을 놓치지 말아 주세요."

"작가님, 오늘은 어린 시절 제가 처음으로 미트볼 스파게티를 먹었을 때의 느낌을 말하려고 해요. 어우 그 고소하고 부드러운 감촉을 생각하니, 벌써 군침이 도네요!"

제이미의 말과 행동은 너무나 자연스러워서 카메라가 그를 비추며 돌아갈 때나 꺼져있을 때의 차이를 느낄 수 없을 정도였어요. 한마디로 제이미는 배우이자 넉살 좋은 이야기꾼이었답니다.

시청자들이 제이미에게 흥미를 느낀 건 당연했겠죠? 제이미는 요리하는 방법도 남달랐어요. 칼을 사용하지 않고 맨손으로 브로콜리나 셀러리 등을 툭툭 끊어 프라이팬에 넣거나 소금이나 설탕, 향신료 등도 눈대중으로 집어서 훅훅 뿌렸어요.

아빠나 삼촌이 냉장고에 있는 재료들을 가지고 기분 내키는 대로 해 주는 김치볶음밥 같은 요리랄까? 물론 제이미가 실력이 없다거나 요리를 우습게 봐서 그렇게 한 건 아니니 오해하지 마세요. 다시 말하지만, 제이미는 정식으로 요리 공부를 하고 런던에서 제일가는 레스토랑에 스카우트될 정도로 실력 있는 요리사니까요.

제이미는 요리는 어렵고 복잡한 게 아니라는 걸 알려 주고 싶었어요. 누구나 마음만 먹으면 근사한 요리를 할 수 있다는 걸 보여 주고 싶었던 거예요.

제이미는 복잡한 요리도 더 쉽고 빠르게 하도록 자신만의 요리법을 구사했어요. 예를 들어, 끓는 물에 면과 청경채를 함께 넣고 익힌다든지, 혹은 도마를 커다란 접시 삼아 그 위에 빵과 채소, 소스를 한꺼번에 담아내기도 했어요.

제이미는 시청자들에게 재료를 쉽고 안전하게 다루는 방법도 가르쳐 주었어요. 아보카도라는 과일의 경우, 안엔 부드러운 과육이 들어있지만, 껍질과 씨는 딱딱하잖아요. 제이미는 칼로 아보카도를 반으로 자르고 숟가락으로 씨가 붙어있지 않은 쪽의 과육을 깨끗이 긁어낸 후, 씨가 붙어 있는 다른 한쪽 아보카도에 칼을 꽂아 마치 문고리를 돌리듯 살짝 돌려서 손쉽게 씨를 제거했어요. 평소에 아보카도를 어떻게 다뤄야 할지 몰라 난감해하던 사람들에게 속 시원한 해결책을 보여 준 것이죠.

제이미는 재료를 사용하는데 있어서도 자유로웠어요. 올리브유나 치즈 같은 서양 재료 외에도 생강, 고추 또는 간장이나 굴 소스 등 동양에서 주로 사용하는 재료도 즐겨 사용했어요. 제이미의 요리 세계엔 그야말로 동서양의 구분이 없었어요. 게다가 그다지 비싸거나 귀한 재료가 아닌, 주변에서 흔히 볼 수 있는 재료로도 훌륭한 요리를 만들어냈어요. 감자나 호박, 달걀 하나도 제이미 손에 들어가면 마술을 부린 것처럼 멋진 요리로 변신했죠.

"어머나 저것 좀 봐. 달걀 두 알에 파슬리 가루가 고작인데 어쩜 저렇게 맛깔스러워 보이는 스크램블드에그를 만들 수 있을까?"

"여보, 이리 와서 이것 좀 보구려. 스파게티에 브로콜리 줄기를 넣다니, 정말 기발해! 게다가 저 정도면 나도 얼마든지 만들 수 있겠는걸. 오늘 저녁 메뉴로 제격이겠소."

사람들은 TV를 보며 군침을 흘렸고, 당장 부엌으로 달려가 냉장고 문을 열었어요. 어느 가정이나 그 정도 기본 재료는 갖고 있으니 제이미에게 배운 요리법을 당장 써먹을 수 있었던 거예요. 《더 네이키드 셰프》를 통해, 사람들은 조금씩 요리를 성가신 시간 낭비가 아닌 즐거운 놀이로 생각하게 되었어요.

그리고 제이미를 보며 사람들은 차츰 요리하는 남자에 대한 로망을 갖게 되었어요. 여자는 물론이고 남자 입장에서도 제이미처럼 파스타 정도는 근사하게 만들어 여자 친구나 아내를 깜짝 놀라게 해 주고 싶다는 생각을 하게 되었죠.

왜 드라마에서 봐도 남자가 애인을 집으로 초대할 때면 꼭 파스타를 손수 만들어 먹여 주곤 하잖아요. 그럼, 여자는 감탄사를 터뜨리며 눈이 하트로 뿅뿅 변하고요.

사랑하는 여자를 위해 요리 하나쯤 능숙하게 할 수 있는 남자. 아마도 이때부터 멋진 남자의 기준에 요리가 포함되기 시작한 것 같아요. 이제 부엌은 남자가 드나들지 말아야 할 금지구역이 아닌, 멋진 남자가 되기 위한 필수 공간이 된 거예요.

사적인 이야기로 방송에 재미를 더하다

그러나 제이미는 여기서 만족하지 않았어요. 《더 네이키드 셰프》가 시리즈로 3편까지 이어지는 동안 제이미는 프로그램을 더욱 흥미롭게 만들기 위한 아이디어를 한 가지 더 생각해 냈어요.

'좋아하는 사람을 위해 요리를 하는 것만큼 행복한 일이 또 있을까? 그래, 음식은 함께 먹을 때 훨씬 더 맛있는 법이니까.'

제이미는 친구나 친척을 스튜디오로 초대하는가 하면 그들의 집을 방문해 요리를 함께하기로 했어요. 스튜디오에 온 친구들은 낯선 환경에 조금 어색해하기도 했지만, 곧 제이미와의 지난 추억을 떠올리며 이야기꽃을 피웠어요. 스튜디오를 벗어나 친구나 친척들 집에 방문할 때면 분위기가 훨씬 더 화기애애했어요.

"이봐 제이미, 제이슨은 왜 이 시간까지 나타나지 않는 거야?"

"샘, 쉿!"

제이미는 어리둥절해하는 샘의 어깨를 두드리며 귓속말을 했어요. "오늘 우린 제이슨의 생일 파티를 위해 모인 거야. 내일이 진짜 생일이니까 오늘 이런 이벤트를 할 거라곤 상상도 못 하겠지?"

"아니 그럼 제이슨에겐 뭐라고 이야기한 거야? 이 프로그램에 매번 참여했잖아."

"제이슨은 한 시간쯤 후에 올 거야. 우리가 제이슨을 위한 파티 준비를 모두 마쳤을 때쯤 말이야."

제이미는 중대한 비밀 작전이라도 펼치듯 사뭇 진지한 표정을 지었어요. 제이슨의 놀란 표정을 상상해 보라며 키득키득 웃음을 참으면서요.

"게다가 오늘 준비할 음식은 제이슨의 생일파티에 처음 초대받았을 때, 그의 어머니께서 만들어 주신 허브 바비큐로 정했어."

"대단하군, 제이미! 열한 살 적 일을 아직도 기억하는 거야?"

주방에 들어선 제이미는 큼지막한 돼지고기 덩어리를 허브와 각종 소스에 절이기 시작했어요. 바비큐에 으깬 감자를 곁들이던 제이슨 어머니의 방식에 따라 한쪽에선 감자를 삶았죠. 제이슨의 열한 살 생일, 그날의 파티를 그대로 재현하기 위해서였어요. 그 사이 제이미와 의기투합한 샘은 정원으로 나가 불을 피웠고, 혹시나 제이슨이 빨리 오지 않을까 싶어 주위를 살폈답니다.

자, 드디어 제이슨을 위한 생일 파티 준비 완료!

'아니 왜 내가 오기도 전에 벌써 요리를 하고 있지?' 문을 열고 들어선 제이슨의 표정이 묘하게 바뀌는데요, 다음에 펼쳐질 장면은 여러분의 상상에 맡길게요. 제이슨에게, 또 제이미와 샘에게도 잊지 못할 날이 된 것만은 분명할 테니까요!

그보다 집에서 이 프로그램을 볼 사람들의 표정이 더 궁금해지는데요, 한 편의 드라마처럼 흥미진진한 이야기에 푹 빠져든 시청자들은 마치 저들의 친구라도 된 듯 행복한 미소를 지었답니다. 이런 생각도 하면서요.

'그러고 보니 어릴 적 친구들에게 요즘 통 연락을 안 했었군.'

'그래, 올해 부모님 생신 파티는 바비큐로 해야겠어!'

'여자 친구를 위한 깜짝 이벤트로 쿠키를 구워 보는 건 어떨까?'

이렇게 제이미는 친구들에게 음식을 해 주는 일이, 또 그들과 함께 나누어 먹는 일이 얼마나 즐겁고 행복한 일인지 보여 주었어요.

시청자들은 TV에 제이미의 친구나 친척, 또는 여자 친구인 줄스까지 등장하자 제이미를 이웃집 형이나 삼촌처럼 친근하게 생각하게 되었어요. 제이미의 인기는 날로 높아만 갔죠.

지금까지 제이미의 TV 진출기를 숨 가쁘게 이야기하다 보니 마치 그가 하늘에서 뚝 떨어진 행운아처럼 별다른 노력 없이 스타가 된 건 아닌가 의심하는 친구가 있을지 모르겠다는 걱정이 살짝 드네요.

물론, 제이미의 낙천적인 성격과 재미있게 말하는 재주는 타고난 것이지만, 그건 후추나 깨소금 같은 양념에 불과할 뿐 제이미가 스타로 인정받게 된 진짜 이유는 아니에요. 그건 바로 매번 새로운 것, 흥미로운 것을 보여 줘야 한다는 생각으로 치열하게 산 제이미의 노력 덕분이었어요.

제이미는 TV 프로그램이 방영되는 내내 머리를 싸매며 요리책과 씨름했고, 선배 요리사들에게 자문을 구하는가 하면 시장에 나가 제철 식재료를 꼼꼼히 살펴보는 노력을 게을리하지 않았어요. 퇴근 후에도 남들이 친구들과 어울려 술을 마시거나 TV를 볼 때 제이미는 마치 시험을 코앞에 둔 수험생처럼 요리 연구에 매달렸어요.

세상에 대가 없는 성공은 없는 법! 그래요, 제이미도 예외는 아니었답니다. 그러한 노력 덕분에 제이미는 2000년, 자신의 모든 열정을 쏟아부은 《더 네이키드 셰프》로 BAFTABritish Academy of Film and Television Arts, 영국의 영화 & TV 아카데미 시상식 다큐멘터리 부문 상을 받는 영광을 안게 되었죠.

그럼 이제 한숨도 돌릴 겸 제이미의 개인적인 이야기를 조금 해 볼까요? 바로 그 해 2000년 6월, 제이미 인생에서 빼놓을 수 없는 경사스러운 일이 하나 생겼어요. 여자친구 줄스Jools Oliver, 본명은 줄리엣 노튼와 결혼을 한 거예요.

제이미와 줄스는 1993년, 그러니까 제이미가 열여덟 살 때 처음 만났어요. 줄스가 제이미보다 한 살 연상이니, 줄스는 열아홉 살이었고요. 당시 요리사의 꿈을 안고 WKC요리학교에 다니고 있던 제이미는 줄스를 보고 한눈에 반했어요.

"어머, 세상에 저렇게 예쁜 여자애가 다 있다니! 저 아이와 친구가 될 수 있다면 무슨 일이든 할 수 있을 것 같아."

그도 그럴 것이 줄스는 갸름하고 청순한 얼굴에 170cm가 훌쩍 넘는 키와 날씬한 몸매를 가진 패션모델이었거든요. 당시 학생 신분이었던 제이미에게 화려한 조명을 받으며 패션모델로 활동하는 줄스는 너무 먼 세계의 '여신'이었는지 몰라요.

그러나 줄스도 순박하고 털털한 성격에 미래에 대한 확신을 가진 제이미가 싫지 않았어요. 그 둘은 첫 번째 데이트부터 마음이 척척 통했고, 금세 다정한 연인이 되었어요. 제이미는 자신이 생각하는 요리철학과 요리사로서 이루고 싶은 꿈을 줄스에게 이야기하며 핑크빛 미래를 그려나갔어요. 그렇게 7년 동안 뜨겁게 사랑한 제이미와 줄스는 2000년, 드디어 결혼에 골인했어요. 제이미의 나이 스물다섯 살, 줄스는 스물여섯 살이었어요.

제이미와 줄스는 서로를 끔찍이 아꼈어요. 심지어 줄스는 패션모델 활동을 접고 제이미를 곁에서 돕기로 했답니다. 줄스는 《더 네이키드 셰프》의 첫 번째 시리즈가 방영되고 있던 당시, 제이미의 비서로 일하기 시작했어요. 그러나 지금껏 단 한 번도 문서를 작성하거나 비즈니스 스케줄을 관리해 본 적 없는 줄스는 늘 실수투성이였어요. 어느 때는 전화통에 불이 날 정도였어요.

"줄스 씨, 제이미가 아직 스튜디오에 도착하지 않는데, 어떻게 된 일인가요?"

"네? 오늘 제이미가 스튜디오에 가야 했던가요?"

"이봐요 줄스 씨, 이미 지난주에 녹화하는 날이 하루 앞당겨졌다고 알려줬잖아요."

"아 이런, 깜빡했네요!"

"제이미는 지금 어디에 있나요?"

"녹화가 없는 줄 알고 오전에 이미 에식스로 떠나버렸어요."

제이미를 돕고 싶은 마음에 시작했으나 까딱 잘못하면 오히려 해가 될 수도 있는 상황이 벌어진 거예요. 불안해진 줄스는 고민 끝에 친구 니콜라에게 제이미의 비서가 되어달라고 부탁했어요. 다행히 니콜라도 흔쾌히 승낙했고, 줄스는 가벼워진 마음으로 주부로 사는 삶에 전념할 수 있었어요.

제이미 올리버와 줄리엣 노튼의 결혼 사진

"제이미, 괜히 내가 비서를 하겠다고 나서서 일을 더 곤란하게 만들었나 봐. 미안해."

"오오 줄스, 그렇게 생각하지 마. 날 도우려고 애써준 자기의 착한 마음에 내가 얼마나 감동 받았는데. 고마워 줄스."

"정말 그렇게 생각해?"

"그럼 물론이지. 이제 비서 일은 니콜라에게 맡기고 자기는 마음 편히 지내."

실력 있는 요리사 남편과 모델 출신의 예쁘고 착한 아내. 제이미와 줄스는 남부러울 것 없는 완벽한 부부처럼 보였죠.

제이미와 줄스의 각별한 음식 태교

그러나 이들에겐 한 가지 고민이 있었어요. 정확히 말해서 제이미가 아닌 줄스에게 말이죠. 줄스는 결혼하기 전부터 아이를 무척 갖고 싶어 했는데, 임신이 생각만큼 쉽지 않았어요. 마음고생 하는 줄스를 보며 제이미는 어찌할 바를 몰랐어요.

"줄스, 제발 그렇게 불안해하지 마. 때가 되면 우리에게도 분명 예쁜 아기가 생길 거야."

"그렇겠지? 제이미. 그런데 난 하루하루가 너무 괴로워. 만약 우리에게 아이가 생기지 않으면 어떡하지?"

"줄스, 그럴 리 없어. 우린 아직 젊고 건강하잖아. 부디 마음을 좀 편하게 가져봐."

'제이미 말이 모두 맞아. 요즘 내가 하는 행동은 정말이지 내가 봐도 정상이 아니야. 그래, 하늘의 뜻에 맡기고 욕심을 버리자.' 줄스는 차츰 안정을 되찾았고, 제이미도 조금씩 마음을 놓았어요.

그리고 얼마나 지났을까? 줄스가 간절히 바랐던 아기가 드디어 생겼어요! 의사에게 자신의 임신 사실을 확인받은 줄스는 잠시 어안이 벙벙해서 말을 잇지 못했어요.

"제이미, 내가 방금 의사에게 어떤 말을 들었는지 알아?"

"글쎄…… 설마 몸이 안 좋다는 이야기는 아니겠지?"

"제이미, 우리에게 아이가 생겼대!"

"정말? 정말이야?!"

제이미도 뛸 듯이 기뻐하며 감동의 눈물을 흘렸어요. 줄스는 그토록 원했던 아이를 가진 만큼 하루하루 노심초사하며 태교에 신경을 곤두세웠어요. 출산에 관한 책을 30권도 넘게 사서 읽었고, 요리사의 아내답게 음식을 특별히 조심했어요. 엄마가 먹는 음식이 고스란히 태아에 전달되기 때문이었어요.

이러한 생각은 제이미도 같았어요. 음식은 단순히 배를 채우고 에너지를 얻기 위한 것이 아니라, 성격 형성에도 영향을 미친다는 걸 잘 알고 있었거든요. 예를 들어, 패스트푸드나 인스턴트식품, 탄산음료 등은 그 안에 들어가는 각종 식품첨가물_{방부제나 착색제 등} 때문에 사람의 성격을 조급하고 난폭하게 만들어요. 어렸을 때 이런 음식을 많이 먹으면 비만은 물론, 성격도 삐뚤어질 수 있죠.

아이를 위해 식생활을 바꾸기로 단단히 결심한 줄스는 냉동식품들을 모두 쓰레기통에 던져버리고 채소와 고기를 넣은 스튜 등 건강한 음식을 만들어 먹기 시작했어요.

제이미 역시 이런 줄스를 그냥 보아 넘길 리 없었죠. 연예인 뺨칠만큼 바쁜 일상을 보내고 있었지만, 틈을 내어 줄스에게 생선 파이나 신선한 채소가 듬뿍 들어간 수프 등을 만들어 주었어요.

입덧으로 아무것도 못 먹고 헛구역질만 하던 줄스는 제이미가 해주는 포치드 에그poached egg. 껍질 없이 반숙한 계란 요리만은 맛있게 싹싹 먹었고, 수시로 해달라고 조를 정도였어요. 제이미는 집에서 요리할 시간을 낼 수 없는 날이나 토요일 오후엔 산책 삼아 런던의 유명한 레스토랑에 함께 가서 줄스가 좋아하는 피시 앤 칩스fish & chips. 영국의 대표 음식으로 대구 튀김과 감자튀김를 사주기도 했어요.

그런 음식들은 줄스를 기운 나게 했고, 임산부에게 필요한 영양소들을 충분히 공급해 주었어요. 물론 배 속에 있는 아이도 아빠 덕에 늘 행복한 만찬을 즐길 수 있었죠.

바로 이때, 제이미가 피부로 느낀 음식과 아이의 성장에 관계는 후에 학교급식 개선 운동을 하게 된 밑바탕이 되었어요. 이 부분은 제4장에서 자세히 다룰 테니, 조금만 기다려 주세요

그리고 드디어 열 달의 시간이 지난 2002년 5월, 제이미와 줄스의 첫째 딸 포피 허니 로지 올리버가 태어났어요.

"제이미, 이 작은 손 좀 봐. 너무 기특하지 않아? 고맙게도 잘 자라주었구나. 우리 딸."

"줄스, 정말 고생했어. 아가야, 우리에게 와 주어서 고마워."

줄스는 포피를 처음 본 순간 그동안 마음고생 했던 것과 행복했던 순간들을 떠올리며 감동의 눈물을 흘렸어요. 감정이 풍부한 제이미 역시 마찬가지였죠. 부부는 지금껏 단 한 번도 경험해 보지 못한 황홀을 느끼며 자신들을 부모로 만들어준 포피에게 감사의 마음을 전했어요.

그러나 한동안 아무것도 먹지 못한 줄스의 배에선 그제야 꼬르륵 소리가 나기 시작했어요. 포피를 낳을 때 스무 시간 가까운 진통으로 무척이나 고생한 줄스는 3일 만에 처음으로 음식을 찾았어요.

"제이미, 지금 당장 푸콜라pukkola. 곡물과 과일, 견과류 등을 우유, 요구르트, 꿀에 버무린 요리를 먹고 싶어. 한 접시, 아니 커다란 샐러드용 볼 한 가득이라도 먹을 수 있을 것 같아."

줄스는 참을 수 없을 정도로 심한 허기를 느끼며 제이미에게 애원했어요.

"그래 줄스. 조금만 기다려. 내가 세상에서 제일 맛있는 푸콜라를 만들어 줄게."

"오오, 제이미 제발 당장…"

병원에서 나와 급히 자동차를 몰고 집으로 간 제이미는 손이 보이지 않을 정도로 재빨리 푸콜라를 만들기 시작했어요. 두고두고 일주일이라도 먹을 수 있을 만큼 푸짐한 양을 들고 병원으로 돌아온 제이미는 줄스에게 세상에서 가장 훌륭한 '출산 선물'을 안겨 주었답니다.

제이미 부부의 아이들 이야기를 조금 더 하자면, 자식 욕심 많은 이들 부부는 둘째인 딸 데이지를 얻은 후에도 2009년 셋째 딸 페틀 블러썸 레인보우 올리버를 낳고, 다시 1년 후인 2010년 9월, 네 번째 아이이자 첫 번째 아들인 버디 베어 모리스 올리버를 낳았어요.

제이미는 세 명의 공주님 모두 애지중지하며 소중히 여겼지만 속으로 은근히 아들을 바랐는지 버디가 태어나자마자 아직 눈도 뜨지 못한 아들의 사진을 트위터에 올리며 흥분을 감추지 못했어요. 감격에 겨운 나머지 한 인터뷰에서 진심을 털어놓기도 했어요.

"만약 우리에게 아들이 생기지 않았다면 입양을 고려했을지도 몰라요. 버디가 우리에게 와 주어 고맙고, 말할 수 없이 행복합니다."

네 명의 아이와 함께 어느새 여섯 식구를 이룬 제이미 부부는 지금까지도 세계 유력 언론들의 시선을 한몸에 받으며 할리우드 배우 못지않은 인기를 누리고 있답니다.

아주 솔직한 요리사,
영국 요리계의 판을 뒤집다

《더 네이키드 셰프》로 대형 스타가 된 제이미는 특유의 자유분방한 스타일을 살려 새로운 이벤트에 도전했어요. 스튜디오가 아닌 길거리나 대형 콘서트홀에서 요리 쇼를 선보이며 관객들과 대화를 나누고, 한때 드러머로 활동했던 실력을 살려 직접 드럼을 연주하기도 했어요. 당시 영국을 대표하는 대형 스타 요리사들이 TV에 대거 등장하는 분위기 속에서도 제이미가 빛을 발할 수 있었던 건, 바로 이런 독특하고 신선한 아이디어 덕분이었어요.

이렇게 흥미로운 이야기로 채워진 《더 네이키드 셰프》의 인기는 제이미도 놀랄 정도였어요. 이 프로그램이 처음 방송된 날을 회상하며 제이미는 이렇게 말했다고 해요.

"《더 네이키드 셰프》가 방영되자마자 무려 다섯 개 프로덕션 회사에서 그와 같은 성격의 쇼를 해 줄 수 있냐고 물어왔습니다. 그들의 말을 도무지 믿을 수 없어서 그냥 나를 놀린다고 생각했습니다."

《더 네이키드 셰프》가 1991년 우리나라에서 처음 방영되었을 때도 인기가 대단했어요. 요리에 관심 있는 사람이라면 누구나 제이미의 등장을 흥미로워했고, 제이미가 선보인 요리는 곧 유행처럼 번져갔어요.

"체다 치즈 오믈렛 정말 쉽더라. 치킨 샐러드랑 꾸스꾸스_{COUSCOUS.} 밀을 압축시켜 만든 좁쌀 모양의 식재료 요리에도 도전해 볼만 하겠어."

사람들은 낯선 재료에도 관심을 두기 시작했고, 요리에 자신감을 얻었어요.

영국 런던의 작은 스튜디오에서 시작된 이 프로그램은 최고점에 이르렀을 때 무려 세계 50개국 이상에서 방영될 정도로 엄청나게 인기를 얻었어요. 방송국과 프로덕션 회사에선 제이미를 서로 차지하겠다고 신경전을 벌이기도 했죠.

이후에도 제이미는 대본 없이 요리와 이야기를 함께 풀어나가는 형식의 프로그램을 계속해서 만들었어요.

30분 만에 두 가지 음식을 뚝딱 만들어내는 《제이미의 30분 요리 Jamie's 30minute meals》, 제이미의 집이나 정원에서 요리하는 《제이미 앳 홈Jamie at home》, 이탈리아의 시골 마을을 여행하며 그들의 요리문화 를 보여주는 《제이미의 이탈리아 여행Jamie's Italian Tour》 등을 대표작 으로 꼽을 수 있어요.

2001년 가을에는, 영국의 대형 콘서트홀이나 거리에서도 요리 쇼 를 펼쳤어요. 실제로 사람들과 만나 요리가 얼마나 흥미롭고 행복 한 과정인지 보여주고 싶었거든요.

드러머로 변신한 요리사 제이미

그럼, 대형 콘서트홀에서 열린 요리 쇼 현장으로 여러분을 안내 할게요. 먼저 쇼 타임 10분 전, 콘서트홀의 분위기를 한번 살펴볼까 요? 무대 왼쪽에 각종 조리 도구와 함께 재료들이 놓여 있고, 연출 가와 이야기를 나누고 있는 제이미가 보이네요. 무대 중간엔 소파 와 테이블이 있고, 오른쪽 끝엔 드럼 세트도 자리하고 있어요. 요리 쇼에 웬 난데없는 드럼이냐고요? 그건 곧 시작될 요리 쇼를 보면 알 수 있어요.

드디어 무대에 등장한 제이미. 역시 청바지에 운동화, 체크무늬 셔츠 차림이네요. 관중석을 가득 메운 사람들을 보고 한껏 상기된 목소리로 쇼를 시작하는데요.

"여러분! 오늘 제이미와 함께 신 나는 요리 쇼를 즐길 준비, 되셨나요?"

"네!"

"좋습니다! 그럼, 지금부터 오늘의 요리인 양고기 카레를 한번 만들어 볼게요. 여러분은 오늘, 눈과 코와 귀를 모두 활짝 열어놓으셔야 할 거예요. 지금부터 마음껏 즐기세요. 요리는 마법처럼 여러분을 환상적인 세계로 데려갈 겁니다!"

그리곤 바로 노래가 흐르기 시작했어요. 사람들은 어디서 많이 들어본 목소리에 귀를 기울였죠. 바로 제이미가 직접 불러 녹음한 '양고기 카레 노래'였어요.

관중석에선 웃음이 터져 나왔고, 사람들은 흥겨운 리듬에 맞춰 어깨를 들썩였어요. 제이미는 프라이팬에 오일을 넉넉히 부은 후 토막 낸 양고기를 넣어 재빠르게 뒤집고는 도마로 자리를 옮겨 고추와 허브 잎을 썰어 프라이팬에 던지듯 쏟아 부었어요. 손은 재빠르고 표정은 사뭇 진지하면서도 미소가 가득했어요.

사람들의 눈이 제이미를 정신없이 따라다니는 사이, 제이미는 또 양고기를 뒤집고 향신료를 넣는가 하면 자리를 옮겨 토마토와 크림을 믹서에 갈기도 했어요. 그리곤 마지막으로 이 모든 재료가 프라이팬에 섞여 양고기 카레가 완성될 때쯤 제이미는 순간 이동을 하듯이 빠르게 드럼 세트로 뛰어갔어요.

2001년 11월 오스트레일리아 시드니에서 열린 《해피 데이즈 투어》에서 드럼을 치는 제이미

제이미는 자연스럽게 스틱을 잡고 드럼을 연주했고, 사람들에게 '양고기 카레 노래'의 후반부를 직접 라이브로 들려줬어요.

여러분 중에 뮤지컬 〈난타〉를 본 사람이 있다면 이 장면을 쉽게 떠올릴 수 있을 거예요. 요리와 음악, 춤이 어우러진 근사한 퍼포먼스. 제이미가 보여준 요리 쇼는 아마도 영국 버전의 난타가 아니었을까 싶네요. 게다가 제이미는 직접 드럼까지 연주해 요리 쇼의 분위기를 한층 더 흥겹게 만들었답니다.

이렇게 제이미 특유의 자유분방한 요리법에 재미있는 볼거리도 곁들인 요리 쇼《해피 데이즈 투어Happy Days Tour》는 사람들의 사랑을 듬뿍 받았어요. 영국에서만 1만 7천 명이 넘는 관객을 불러 모았고 오스트레일리아와 뉴질랜드에서도 계속 이어졌는데, 이 중 7개 도시에선 관중이 너무 많아 일찌감치 표가 마감될 정도였죠.

어느덧 제이미는 레스토랑 주방에서 음식을 만드는 요리사가 아닌, 세계를 무대로 자신의 요리를 선보이는 연예인급의 유명인사가 되었답니다.

영국을 휩쓴 요리 열풍

그러나 제이미가 '세계적인 스타 요리사'라는 타이틀을 거저 얻은 건 아니에요. 제이미가 TV에 혜성처럼 등장했을 당시, 요리 프로그램 시장은 이미 과포화 상태였어요.

1990년대 말에 이르러 방송 관계자들은 영국의 열성적인 식도락가나 와인 애호가의 욕구를 충족시키기 위해 다양한 성격의 요리 프로그램을 만들었어요. 방송국마다 거의 하루 종일 요리 프로그램을 방영했고, 영국을 대표하는 방송국인 BBC, 채널4에서도 가족이 모두 모이는 저녁 황금 시간대에 요리를 주제로 한 프로그램을 비중 있게 다뤘어요.

이것은 영국 사회에서 실로 놀라운 변화였어요. 왜냐하면, 영국의 레스토랑 비평가이자 작가인 패니 크래독Fanny Craddock이 이끈 1950~60년대를 거쳐 그래험 커Graham Kerr, 영국 최초의 클래식한 요리 프로그램인 《The Galloping Gourmet》의 진행자가 이끄는 1970년대까지만 해도 요리 프로그램은 끼워 넣기 식으로 아침이나 낮에 잠깐 등장하는 정도였거든요.

그런데 1990년대에 와서 요리가 기존의 드라마 시리즈나 유명 토크쇼를 밀어낼 만큼 막강한 파워를 갖다니, 참 이상한 일이었어요. 특히 체면과 격식을 중요시하고 새로운 것을 받아들이기 좋아하지 않는 보수적인 나라, 영국 사람들이 먹고 마시는 것에 이토록 열광하다니, 과거엔 상상도 할 수 없는 모습이었죠. 이것은 그만큼 음식이 영국인의 삶에 중요한 부분을 차지하게 되었다는 사실을 입증하는 것이기도 했어요.

이제 유명 요리사들은 인기 연예인을 제치고 방송국을 차지했고, TV 프로그램마다 등장해 각자의 개성을 한껏 뽐냈어요. 사실 따지고 보면 그들은 제이미보다 나이도 경력도 많은 베테랑 요리사들로, 결코 무시할 수 없는 실력자들이었어요.

술과 음식, 친구를 좋아하고 인생을 즐기며 사는 사람을 지칭하는 '반 비버르bon viveurs' 스타일의 케이스 플로이드Keith Floyd와 후기 펑크스타일의 개리 로즈Gary Rhodes, 해산물 요리 전문가인 릭 스타인Rick Stein 등 쟁쟁한 요리사들이 다양한 버전의 요리 프로그램을 들고 나왔어요. 편안한 이미지로 영국인의 사랑을 듬뿍 받은 뚱뚱한 TV 프로그램 진행자인 클러리서 딕슨 라이트Clarissa Dickson Wright와 제니퍼 패터슨Jennifer Paterson은 다이어트에 구애받지 않는 풍성한 메뉴들을 선보였죠.

우리나라 케이블 TV에도 나왔던 고든 램지Gordon James Ramsay 역시 그중 한 사람이에요. 그는 문 닫기 직전의 레스토랑을 다시 일으켜 세우는 《미션, 최고의 레스토랑Ramsay's Kitchen Nightmares》과 요리사들이 최고의 자리를 차지하기 위해 지옥 같은 경쟁을 펼치는 《헬스 키친Hell's Kitchen》에서 섬뜩할 만큼 강렬한 카리스마를 뿜어냈어요.

그러나 이미 유명 요리사들이 총동원되어 경쟁적으로 프로그램을 만들고 있었지만, 시청자들의 갈증은 해소되지 않았어요. TV를 잠식한 요리 프로그램들은 마치 메마른 입에 사탕을 물리는 것과 같았죠. 당장은 달콤한 맛에 갈증이 사라진 듯하지만 곧 그 진득한 단맛이 더욱더 참을 수 없는 갈증을 불러일으켰어요.

게다가 TV에서 밤낮으로 익숙한 얼굴을 봐야 하는 사람들은 지겹다는 듯 차가운 시선을 보내기도 했어요.

"고든 램지 저 친구 말이야, 실제로도 저렇게 악독할까? 요리사가 아니라 악역 전문 배우를 하는 게 더 잘 어울리겠어."

"클러리서랑 제니퍼 말이야, 몸매 관리도 못 하는 여자들이 나와서 먹을 거 타령이라니, 오히려 식욕이 싹 달아날 지경이야."

제이미를 바라보는 시선도 양분되었어요.

"이봐 자네, 제이미란 친구 본 적 있나?"

"그야 물론이지. TV만 틀면 나오는 요리사 친구 아닌가?"

"맞네. 그런데 그 친구 너무 가볍고 수다스럽지 않나? 요리가 무슨 장난도 아니고 너무 까부는 것 같아."

"무슨 말인가? 난 지나치게 점잔 빼고 어려운 말만 늘어놓는 요리사들이 더 가식적이라고 느끼는걸. 애들 엄마가 제이미를 얼마나 좋아하는데, 아주 열성 팬이라네."

이렇듯 위트와 매력이 넘치는 요리사라며 제이미를 좋아하는 사람도 있었지만, '잭 더 래드Jack the Lad. 건방지고 혈기왕성하다는 뜻의 속된 표현'라고 비하하며 외면하는 사람도 있었어요.

그러나 제이미는 '시청자들은 언제라도 채널을 돌릴 수 있다. 그

건 그들의 권리이자 선택이니까.'라고 생각하며 자신의 스타일을 당당하게 지켰어요. 방송국 관계자들은 제이미의 바로 이러한 점을 높이 평가했어요. 형식에 구애받지 않고 자기 생각을 자유롭게 표현하는 배짱과 무대를 장악하는 카리스마, 그리고 무엇보다 방송 자체를 즐길 줄 아는 제이미야말로 차세대 스타로서 손색이 없다고 생각했어요.

그렇게 해서 제이미는 각종 TV 프로그램을 통해 그야말로 대형 스타가 되었어요. 그가 참여한 프로그램들은 미국, 오스트레일리아, 남아프리카, 브라질, 일본, 아이슬란드 등 100개 이상의 나라에서 30개 이상의 언어로 방영되었어요. 제이미는 물론 방송국이나 프로덕션도 덩달아 돈방석에 앉게 되었죠.

1980년대 들어 갑자기 미식에 눈을 뜬 영국, 이유는 뭘까?

제이미가 TV 스타 요리사로 주목받게 된 데에는 영국 사람들의 요리에 대한 관심이 대단히 중요한 역할을 했어요.

프랑스, 이탈리아 등 다른 유럽 국가들에 비해 요리 수준이 떨어진다고 알려져 있었어요. 하지만 1980년대 들어 갑자기 미식가들이 범람하기 시작했죠. 제이미가 TV 활동을 시작하던 무렵, 영국은 '미식의 나라'라고 불릴 만큼 라이프스타일에 있어 '음식'이 커다란 비중을 차지하게 되었거든요.

프랑스나 이탈리아에서 미식가들이 와장창 영국에 이민을 온 것은 물론 아니죠. 이유는 정치 경제 전반에 걸친 변화에 있었어요.

당시 영국 총리 마거릿 대처는 신자유주의 노선을 취하고 있었어요. 신자유주의란 간단히 말해서 정부의 규제를 완화해 민간이 기업 활동하기 좋은 환경을 조성해 주는 것을 의미해요. 대처 총리는 국영기업의 민영화에 착수하는 한편, 정부의 주택구매 보조비를 폐지하고 정부 주도의 금리제도도 중지해 시장에 맡겼어요.

신자유주의는 사람들에게 어떤 영향을 미쳤을까요? 1987년 대처 총리가 한 인터뷰에서 밝힌 내용을 보면 쉽게 이해할 수 있어요. "사회라는 것은 없습니다. 남자와 여자, 개인이 있을 뿐입니다. 개인은 반드시 스스로를 도와야 하며, 누가 당연히 뭘 해 주리라고 기대하면 안 됩니다."

사람들은 부의 창출과 야망, 개인의 행복에 대해 생각하기 시작했고, 회사를 위해 일하는 샐러리맨보다 자신의 창의력과 전문성을 발휘할 수 있는 직업을 선호했어요. 언론에서는 유명 디자이너의 가구나 자동차, 해외여행, 근사한 요리 등을 행복한 삶의 가치로 선전했어요.

이런 분위기에서 고등교육을 받고 도시 근교에 살면서 전문직으로 고소득을 올리는 부류의 젊은이, 즉 '여피족'이 탄생했어요. 이들에게 있어 맛있는 음식을 먹는 즐거움, 즉 식도락은 삶의 중요한 부분이었죠. '여피'란 말은 젊은 Young, 도시화Urban, 전문직Professional의 머리글자를 딴 'YUP'에서 나왔어요.

이들은 그전까지 1년에 한두 번 하던 디너파티를 일주일에 한 번 또는 그 이상으로 여러 번 하기 시작했어요. 방송국에선 '최신 유행'이라는 이름으로 새로운 라이프스타일을 제안했고, 요리 쇼는 그에 빠질 수 없는 핵심 아이템이 되었어요.

런던을 중심으로 수준 높은 레스토랑들이 앞 다투어 문을 열었고 유명 요리사에 대한 관심도 높아졌죠. 따지고 보니 영국 사람들이 제이미를 좋아한 데에는 다 그럴만한 이유가 있었네요. 제이미 입장에선 여피족의 등장이 고마운 일인지도 모르겠고요.

제이미, 책으로
요리를 이야기하다

단 몇십 분의 방송만 보고 요리를 따라할 수 있을까? 시간이 없어 TV를 못 본 사람은 억울해하지 않을까? 제이미의 이런 걱정은 언제 어디서든 보고 따라할 수 있는 책으로 태어났어요. 제이미식 요리법과 함께 즐거운 한 때를 보내는 가족사진까지 넣은 책들이 줄줄이 베스트셀러가 되었죠. 성인이 된 후에도 난독증에서 벗어나지 못했던 제이미가 어떻게 그 많은 책을 낼 수 있었을까요? 답은, 제이미가 세상에서 가장 좋아하고 또 잘하는 요리에 관한 책들이었기 때문일 거예요.

TV 프로그램 《더 네이키드 셰프》를 한창 녹화하고 있던 어느 날, 제이미는 생각에 잠겼어요.

'과연 사람들이 이 프로그램을 보고 내가 하는 요리를 그대로 따라 할 수 있을까? 프로그램이 TV에 방영되는 시간은 고작 몇십 분인데, 난 말도 빠르고 그만큼 손도 빠르니 말이야.'

옆에서 지켜보고 있던 아내 줄스가 제이미의 어깨를 감싸며 물었어요.

"제이미, 무슨 걱정이라도 있는 거야? 표정이 심상치 않은데."

"줄스. 생각해 보니까 내가 아무리 쉬운 방법으로 요리한다고 해도 사람들이 이 짧은 시간에 요리법을 배우는 게 버거울 것 같아. 그렇다고 매번 방송을 녹화해서 다시 보라고 할 수도 없고."

"듣고 보니 그러네. 제이미, 요리법을 책으로 내면 어떨까?"

제이미는 무릎을 탁 쳤어요! 줄스를 안아주며 고맙다는 말을 백 번도 넘게 했죠.

"그래, 책은 주방에 비치해 두면 요리를 할 때 언제라도 꺼내서 볼 수 있고, 게다가 가지고 다닐 수도 있으니 야외에서 요리할 때도 유용할 거야."

제이미는 《더 네이키드 셰프》와 같은 이름의 책을 만들기로 결심했어요. 책은 《더 네이키드 셰프》가 3편까지 시리즈로 나올 때마다 빠지지 않고 줄줄이 나왔고, 제이미의 예상대로 TV 프로그램의 내용을 기억하지 못하거나, 시간이 없어서 보지 못한 사람들이 책으로 아쉬움을 달랠 수 있었어요.

게다가 제이미가 낸 책은 어느 요리책들과 사뭇 달랐어요. 어린 시절부터 꾸준히 모아온 요리법들을 아낌없이 공개하는 것은 기본이고, 추억의 앨범처럼 가족이나 친구들과 찍은 사진도 중간 중간 넣었어요. 제이미가 평소 생각하고 있던 요리에 대한 생각과 지나온 인생, 사랑과 우정 이야기도 양념처럼 넣어 재미를 주었죠. 제이미는 책에서도 자신만의 자유분방한 매력을 마음껏 펼쳤답니다.

여러분도 예상했겠지만, 사람들의 반응은 폭발적이었어요. 《더 네이키드 셰프》 첫 번째 시리즈에 맞춰서 나온 책은 출간 즉시 베스트셀러가 됐어요. 두 번째, 세 번째 시리즈에 맞춰 나온 『다시 돌아온 네이키드 셰프The Return of the Naked Chef』 역시 불티나게 팔렸죠.

이제 사람들은 TV와 책, 두 개의 채널을 통해서 제이미를 더 자주 만날 수 있었어요. 이것은 곧 더 많은 사람이 제이미가 제안하는 요리에 도전하게 되었다는 걸 의미했죠. 집에서 손수 음식을 만들어 먹으니 냉동 피자나 햄버거를 먹는 것보다 훨씬 더 건강한 생활을 하게 되었고요.

바로 이것이야말로 제이미가 TV에 나와서 요리를 하고, 또 책으로 내는 이유였어요. 보다 많은 사람의 보다 건강한 내일을 위해서 말이죠.

책 이야기가 나왔으니, 시간을 건너뛰어 2005년으로 날아가 볼게요. 왜냐하면 제이미가 이 해에 꼭 주목해야 할 책을 냈거든요.

당시 제이미는 TV 프로그램 《제이미의 이탈리안 여행Jamie's Great Italian Escape》을 촬영하기 위해 잠시 영국을 떠나 있었어요. 이탈리아 사람인 스승 안토니오 카를루치오의 영향을 받은 데다, 한 언론과의 인터뷰에서 "난 이탈리아 사람으로 태어나는 게 더 좋았을지 모릅니다."라고 말할 정도로 이탈리아를 좋아한 제이미는 이탈리아에 발을 딛자마자 흥분을 감추지 못했어요.

'내가 그토록 꿈꾸던 이탈리아에 왔다니, 정말 믿을 수 없을 정도로 감격스러워!'

제이미는 이탈리아의 시골 마을을 돌아다니며 푸근하고 여유로운 삶을 마음껏 보고 즐겼어요. 크고 비싼 호텔에 머물기보다 마을의 허름한 민박집에서 자며 그들의 요리법을 배웠고, 함께 만든 음식을 나누어 먹으며 늦은 시간까지 이야기를 나눴어요.

이때만큼은 제이미도 스타 요리사가 아닌, 그냥 이탈리아에 반한 여행객과 다를 바가 없었죠. 제이미는 직접 농사지어 얻은 채소나 곡식으로 밥상을 차리고 이웃 사촌끼리 나눠 먹으며 욕심 없이 사는 마을 사람들의 삶에서 이상적인 식생활 문화를 배웠어요.

"바로 이거야. 자연과 더불어 나누며 사는 이런 삶이야말로 내가 꿈꾸는 진정한 삶이야!"

어느새 이탈리아를 제2의 고향으로 생각할 만큼 이탈리아 문화에 푹 빠져든 제이미는 하루하루의 일상을 TV 프로그램으로 녹화해 낱낱이 보여 주었어요. 그리고 이 내용은 『제이미의 이탈리아 Jamie's Italy』란 여섯 번째 책으로 출간되어 '영국의 서적 시상식British Book Award'에서 '올해의 책'으로 선정되는 영광을 안았답니다.

자연과 더불어 사는 삶의 즐거움

바로 다음 해인 2006년부터 2007년 초까지 제이미는《제이미 앳홈Jamie At Home》이란 제목의 TV 프로그램과 책을 동시에 진행했어요. 이번에 배경이 된 곳은 제이미의 고향인 에식스 지방이었어요.

제이미는 2004년부터 이곳에서 채소와 과일, 허브를 유기농으로 재배해왔고, 그러한 과정을 통해서 요리의 영감을 얻었어요. 제이미는 자신이 가꾼 밭에 들어가 맨손으로 당근이며 감자를 뽑아 요리의 재료로 사용했어요. 때로는 창가 화분에서 자라고 있는 허브 잎을 떼어 요리에 넣기도 했죠. 사람들은 흙에서 뿌리째 뽑혀 나온 채소들이 금세 멋진 요리로 변신하는 것을 보며 넋을 잃었어요.

'나도 내가 직접 가꾼 채소로 요리할 수 있다면 얼마나 좋을까! 아마 냄새만 맡아도 건강해지는 기분일 거야.'

제이미는 사람들에게 단순히 요리법을 가르쳐 주는 것을 넘어 목가적인 삶과 싱싱한 재료에 대한 동경을 심어 주었어요. 예상했던 대로《제이미 앳 홈》은 TV 프로그램과 책 모두 대성공을 거두어 영국은 물론 세계적으로 큰 인기를 얻었어요.

계속되는 베스트셀러 행진

제이미는 이후에도 쉬지 않고 책을 냈어요. 처음에 이야기했던 것처럼 제이미가 낸 책들은 대부분 TV 프로그램과 함께 진행되었어요. 물론 TV와 별도로 책만 내는 경우도 있었지만, 제이미가 진행하는 TV 프로그램 하나가 끝나면 반드시 서점에 같은 이름의 책이 짠하고 나왔어요.

한참이 지난 2010년에 펴낸 30분 만에 요리 두 가지를 뚝딱뚝딱 만들어내는 『제이미의 30분 요리Jamie's 30 Minute Meals』도 마찬가지였죠. 특히 이 책은 영국에서 나온 논픽션 부문 책 가운데 가장 빨리 밀리언셀러로 기록되어 모두를 놀라게 했어요.

제이미는 세계적인 패션잡지〈GQ〉나 영국의 주요 일간지 등에 칼럼을 기고하기도 하며 자신의 이름을 더욱 알려 나갔어요. 최근엔 자신의 이름을 건 잡지도 발행하고 있어요. 잡지의 이름은〈제이미 매거진Jamie Magazine〉이에요. 제이미는 이 잡지를 통해 멕시코나 아시아 푸드 등 다양한 종류의 요리법을 소개하고 사람들이 잘 알지 못하는 음식재료에 대해 집중적으로 조명하는가 하면, 세계 각

캐나다 토론토에서 열린 사인회

제이미가 번 잡지 〈제이미 매거진〉과 요리책 『제이미의 30분 요리』의 표지

국의 명소와 전통음식을 재미있게 풀어내고 있어요. 이 잡지는 영국은 물론 미국, 캐나다, 칠레를 비롯해 유럽과 아시아, 아프리카의 30여 개 나라에서도 볼 수 있답니다.

브래드 피트, 톰 크루즈와의 특별한 인연

세계적으로 유명해진 제이미는 미국 TV에도 모습을 드러냈어요. 미국의 대표적인 심야 토크쇼인 《데이비드 레터맨 쇼David Letterman show》에 출연한 제이미는 특유의 개구쟁이 같은 익살과 재담을 보여줘 큰 인기를 얻었어요.

특히 제이미는 10년 넘게 낮 시간대 TV 토크쇼 1위를 지키며 미국 내 시청자만 2200만 명, 세계 105개국에서 방영되는 《오프라 윈프리 쇼The Oprah Winfrey Show》에 출연하기도 했어요. 제이미는 강렬한 카리스마로 좌중을 압도하는 오프라 윈프리 앞에서도 긴장한 기색 하나 없이 요리에 대한 사랑과 열정, 포부를 당당히 밝혀 전 세계 시청자들에게 강한 인상을 심어 주었어요. 제이미는 미국 엔터테인먼트 산업의 현란함 속에도 주눅들지 않고 완벽한 모습을 보여주었다는 평을 받았답니다.

미국의 TV 시장에까지 진출한 제이미는 이름만 들어도 알만한 대형 스타들과도 친분을 맺었어요. 그중 대표적인 사람이 〈흐르는 강물처럼〉, 〈벤자민 버튼의 시간은 거꾸로 흐른다〉, 〈미스터&미세스 스미스〉 등에 출연한 미남 배우 브래드 피트예요.

지금은 안젤리나 졸리Angelina Jolie와 결혼해 '브란젤리나Brangelina' 커플로 불리지만, 당시 브래드 피트는 제니퍼 애니스톤Jennifer Aniston 과 애인 사이였고 곧 부부가 되었지요. 제이미는 바로 그즈음에 브래드 피트에게 특별한 제안을 받았어요. 어느 날 브래드 피트에게 한 통의 전화가 걸려온 거예요.

"제이미 올리버? 난 배우 브래드 피트라고 해요. 당신이 얼마나 실력 있는 요리사인지는 이미 잘 알고 있어요. 혹시 제 애인을 위한 크리스마스 파티 때 세상에 단 하나뿐인 요리를 해 줄 수 있겠어요?"

'브래드 피트? 혹시 잘생긴 미국 배우, 브래드 피트 말이야?'

제이미는 잠시 멍한 기분이 들었지만, 곧 정신을 차리고 브래드 피트의 제안을 기분 좋게 받아들였어요. 그리고 그해 크리스마스에 브래드 피트와 제니퍼 애니스톤을 위한 특별한 요리를 만들어주었답니다. 이러한 인연을 계기로 제이미와 브래드 피트는 형제처럼 친한 사이가 되었고 세계 언론들을 통해 둘 사이의 훈훈한 에피소드가 대문짝만하게 보도되기도 했어요.

제이미의 인맥은 마치 거미줄을 치듯 날로 넓어져, 공식적인 자리에서 톰 크루즈Tom Cruise 와도 허물없이 농담을 주고받는 사이가 되었어요.

영국을 빛낸 세계적 스타 요리사로 명성이 자자해진 제이미는

2001년, 당시 영국 총리였던 토니 블레어의 요청으로 이탈리아 총리를 위해 요리를 하기도 했답니다.

　이렇게 제이미는 그가 좋아하고 잘하는 요리를 통해 자신의 이름을 전 세계에 알리는 데 성공했어요. 단지 운이 좋았기 때문일까요? 그보다는 이미 얻은 것에 만족하지 않고 자신의 꿈을 실현하기 위해 새로운 세계에 과감히 도전했기 때문일 거예요. 물론 도전이 실패로 끝날 수도 있고, 때론 사람들로부터 비난을 받을 수도 있지만, 제이미에겐 자신의 신념을 끝까지 밀고 나가는 배짱이 있었어요.

똑똑한 비즈니스맨,

멋지게 사는 남자

제이미

세인즈버리
슈퍼마켓과의 인연

영국에서 세 번째로 큰 슈퍼마켓 브랜드 '세인즈버리Sainsbury's'의 광고 모델로 활동하게 된 제이미는 광고를 통해 단돈 5파운드약 8700원로 장을 봐서 4인 가족의 저녁 식사를 차릴 수 있는 방법을 알려주었어요. 사람들의 반응은 폭발적이었고, 세인즈버리의 매출은 수직 상승했죠. 제이미의 몸값도 2년 사이에 두 배 이상 껑충 뛰었고요. 그러나 제이미는 재배자에게 직접 산 재료만을 사용한다는 원칙을 지키기 위해 '나는 세인즈버리에서 쇼핑하지 않는다'고 선언했어요. 의아해하는 사람들도 많았지만, 제이미는 아랑곳하지 않고 자신의 요리 철학을 지켰어요.

2000년부터 제이미는 영국의 유명 슈퍼마켓 체인인 세인즈버리 Sainsbury's의 광고모델로 활동하기 시작했어요. 세인즈버리는 영국에서 세 번째로 큰 슈퍼마켓 체인 브랜드로, 영국 전체 슈퍼마켓 시장을 100으로 봤을 때 약 17%를 차지할 만큼 영향력이 대단해요. 1998년부터 2000년까지 3년 동안 방영된 《더 네이키드 셰프》 덕에 일약 스타 반열에 오른 제이미는 세인즈버리에서 모시고 싶은 섭외 1순위 셀러브리티celebrity. 유명인사였어요.

"제이미, 저희 세인즈버리의 광고 모델이 되어 주겠어요?"

젊고 개성이 강하며 무엇보다 요리를 진심으로 즐기는 제이미에게 반한 세인즈버리 대표 피터 데이비스Peter Davis는 한 치의 망설임도 없이 세인즈버리의 광고 모델을 제안했죠. 우리나라에서도 연예인들이 드라마나 영화보다 더 욕심을 내는 게 광고 모델이잖아요. 비교적 짧은 시간 동안 정해진 대본에 따라 연기를 하면 거액의 모델료를 받을 수 있으니까요.

제이미는 처음 2년 동안 100만 파운드약 17억 4천만 원를 받고 광고 모델을 하기로 계약했는데, 정해진 시나리오에 따라 카메라 앞에서 포즈를 취하는 여느 모델과는 차원이 달랐어요. 제이미는 세인즈버리에서 취급하는 제품의 질을 높이고 이미지를 좋게 만들어 결국 매출을 끌어올리는 전 과정에 참여했어요. 그러니 모델이라기보다 차라리 프로젝트 기획자나 마케팅 고문, 또는 아이디어 뱅크라고 할 만한 일을 한 거예요.

새로운 음식에 도전하세요!

자, 그럼 구체적으로 제이미가 얼마나 기발한 광고 전략을 펼쳤는지 한번 살펴 볼까요?

제이미는 세인즈버리 광고도 TV에서 보여 준 요리 쇼와 같은 형식으로 진행했어요. 결국, 세인즈버리에서 파는 식품을 홍보하는 것이지만, 내용은 사람들이 요리에 흥미를 느껴 식탁을 더욱 풍요롭게 하는 것으로 채워졌어요. 먼저 한 가지를 예로 들어 볼게요.

광고가 시작되면 '트라이 썸씽 뉴Try Something New', 즉 '새로운 것에 도전해 보세요'란 뜻의 타이틀이 음악과 함께 화면을 가득 메워요. 그리곤 제이미가 등장해 수북이 쌓아놓은 채소들을 일일이 보여주며 친절하게 설명하죠.

"이 보라색 감자를 좀 보세요. 와, 정말 멋지지 않나요? 감자가 이렇게 예뻐도 되는 건가요?"

"아니, 저게 누구야? 제이미 아니야?"

사람들이 몰려들기 시작하자 제이미는 본격적으로 이야기를 풀기 시작했어요.

"이 당근하고 가지, 그리고 무도 좀 보세요. 같은 종류라도 색깔과 크기, 맛까지 모두 조금씩 달라요. 이렇게 짧고 귀여운 당근은 살짝 데쳐서 스테이크와 곁들이면 좋고, 길고 통통한 무는 중국 요리를 할 때 주로 사용해요."

제이미는 장난감처럼 아기자기하게 생긴 당근과 가지, 무 등을 칼로 잘라 단면을 보여 주며 연신 감탄사를 쏟아냈어요. 사람들은 평소 관심조차 두지 않던 채소를 주의 깊게 보았고, 어린이들도 낯선 채소의 이름을 알게 되었어요. 세인즈버리 슈퍼마켓에서 찬밥 신세였던 채소 코너에 자연스럽게 사람들이 몰려들기 시작했어요.

허브의 종류를 대폭 늘리다

제이미가 광고 모델로 활동하는 동안 일명 '제이미 효과'가 명백하게 드러났어요. 제이미의 얼굴이 세인즈버리 로고와 함께 영국 전역에 전파되자 세인즈버리의 인지도는 급속도로 높아졌고, 더불어 매출도 눈에 띄게 성장했어요.

세인즈버리와의 첫 계약 후 2년이 지난 2002년, 제이미는 200만 파운드약 34억 8천만 원, 그러니까 처음보다 2배나 많은 금액에 재계약을 했어요.

세인즈버리 광고 출연으로 많은 돈을 벌 수 있는 건 제이미에게 더할 수 없이 반가운 일이었어요. 멋진 자동차와 으리으리한 집, 요트도 살 수 있을 테니까요? 하지만 그것보다 제이미를 기쁘게 했던

똑똑한 비즈니스맨, 멋지게 사는 남자 제이미

건 당시 제이미가 심혈을 기울여서 이끌었던 피프틴재단과 피프틴 레스토랑 운영에 보탬이 됐기 때문이에요. 제이미는 세인즈버리 광고 모델을 하며 벌어들인 수익을 피프틴에 쏟아 부으며 요리사를 꿈꾸는 젊은이들에게 희망을 심어주었어요

이 부분에 대한 이야기는 조금 뒤에 좀 더 자세히 할게요. 잠시 이야기의 흐름이 끊겼지만, 제이미가 광고 모델로 번 거액의 돈을 도대체 어디에 썼을까 궁금해할 것 같아 잠시 언급한 것 뿐이에요.

스타 요리사 제이미 올리버가 보여 주는 기발하고 흥미로운 퍼포먼스에 세인즈버리는 천군만마를 얻은 듯 든든해 했고, 제이미의 능력을 더욱 굳게 믿게 되었어요. 제이미만 있다면 세인즈버리의 장래는 밝을 것이라 확신한 피터 데이비스 대표는 제이미에게 더욱 적극적으로 마케팅에 관여해 줄 것을 제안했어요. 피터 데이비스 대표를 포함해 마케팅, 홍보 담당자들과 함께 진지한 토론의 시간을 가진 제이미는 어떻게 하면 세인즈버리의 고객에게 더욱 맛있고 건강한 식품을 제공할 수 있을지 아이디어를 내놓았어요.

"여러분, 사람들이 가정에서 다양한 요리를 시도할 수 있도록 허브의 종류를 대폭 늘리는 게 어떨까요?"

그러나 사람들의 반응은 시큰둥했어요.

"허브요? 다들 집에서 요리하는 걸 귀찮아하는데 과연 허브가 팔릴까요?"

"게다가 마트를 이용하는 고객 대부분은 맞벌이부부예요. 요리할

시간조차 없다고요."

"그리고 허브를 이용한 요리는 어렵지 않나요?"

제이미는 고개를 저으며 단호하게 말했어요.

"여러분조차 그렇게 생각하니 누가 집에서 요리하고 싶어 하겠어요? 그러면 세인즈버리에서 싱싱한 고기나 채소를 팔 이유가 있을까요? 냉동식품 코너만 있으면 되잖아요."

사람들은 꿀 먹은 벙어리가 되어 아무 말도 하지 못했어요.

"여러분이 걱정하는 것도 충분히 이해해요. 우리가 나서서 허브를 이용한 근사한 요리를 보여 주면 사람들은 반드시 허브에 관심을 가질 거예요."

이후 제이미는 슈퍼마켓에서 허브를 이용한 요리를 직접 선보였고 판매가 눈에 띄게 늘어나자 그동안 세인즈버리에서 취급하지 않았던 허브까지 판매하게 되었어요. 이것은 바로 허브를 사들인 사람의 수만큼 집에서 요리하는 사람이 늘어났다는 것을 의미하지요. 냉동 피자나 핫도그 등 인스턴트식품이 아닌 허브를 이용한 신선한 음식을 직접 만들어 먹게 되었다는 뜻이죠.

5파운드로 맛있는 식탁을 차려보세요!

이러한 변화에 용기를 얻은 제이미는 세인즈버리에서 취급하는 음식재료를 이용해 저렴하고 맛있는 요리를 만들어보자고 제안했어요. 제이미는 먼저 홍보 담당자와 세인즈버리의 매장들을 구석구석 둘러보았어요.

"이봐요 제이슨, 지금 이곳에서 쇼핑하고 있는 사람들이 할 수 있는 요리가 과연 몇 가지나 될까요?"

"글쎄요, 주부들이 대부분이니 최소 열 가지 이상은 되지 않을까요?"

"과연 그럴까요? 생닭이나 통밀 파스타보다 진공 포장한 훈제 닭다리나 전자레인지용 크림 파스타가 더 많이 팔리는 데도요?"

"……"

"이렇게 저렴하고 질 좋은 재료들이 많은데도, 정작 집에서 요리하지 않으려 하는 게 정말 안타까워요."

제이미는 집에서도 얼마든지 레스토랑 뺨치는 요리를 할 수 있다는 걸 보여 주고 싶었어요. 사실 완전히 조리된 가공식품엔 색소나 방부제 등 몸에 좋지 않은 화학 성분이 많이 들어 있으니, 사람들이 더 안전하고 건강에도 좋은 음식을 먹기 위해선 집에서 직접 요리해야 한다고 늘 생각해 왔어요. 지금이 바로 그러한 생각을 실천에 옮길 때였죠.

제이미는 시나리오를 짜기 시작했어요. 요리할 장소는 세인즈버리 식품 매장이나 세인즈버리 고객의 집, 요리사는 제이미 올리버와 세인즈버리 스태프, 또는 고객들. 그리고 요리에 들어가는 재료는 세인즈버리에서 파는 모든 것!

제이미 올리버, 즐거운 요리로 세상을 바꿔

"이제 세인즈버리는 세상에서 가장 맛있고 안전한 음식을 가르쳐 주는 요리 쇼의 무대가 되는 거예요. 어때요 피터 데이비스 대표님, 정말 근사하지 않나요?"

"제이미, 역시 자네는 천재야! 머릿속이 온통 나를 놀라게 할 생각으로 가득한 것 같군!"

피터 데이비스는 엄지손가락을 들어 보이며 흥분을 감추지 못했어요.

"저는 이 요리 쇼 광고를 시리즈로 엮었으면 해요. 생각해 둔 슬로건이 있는데 한번 들어 볼래요? '5파운드로 우리 가족 모두를 먹여 살리자Feed your family for a fiver', 어때요?"

5파운드, 우리 돈 8700원 정도로 한 가족의 저녁 식탁을 차리자는 게 제이미의 생각이었어요. 그럼, 제이미가 과연 1만 원도 안 되는 돈으로 얼마나 근사한 요리를 선보이는지 30초짜리 광고 속으로 한번 들어가 볼까요?

제이미가 선택한 음식은 레스토랑 메뉴로도 손색없는 구운 치킨과 꾸스꾸스예요. 세인즈버리 식품 매장 한쪽에 조리대와 오븐, 가스렌즈 등이 마련되어 있고 사람들이 서서히 몰려들기 시작해요. 제이미는 '5파운드로 우리 가족 모두를 먹여 살리자' 리플렛을 사람들에게 보여 주고 있어요.

"자, 이제 단 5파운드로 여러분의 식탁을 근사하게 차릴 거예요. 그 마술 같은 요리법을 알고 싶다면 이곳에 주목하세요."

똑똑한 비즈니스맨, 멋지게 사는 남자 제이미

제이미는 25% 할인된 가격의 생 닭다리에 방울토마토와 채 썬 양파, 마늘을 넣어 오븐에 굽고, 꾸스꾸스에 얇게 썬 호박 등을 넣어 쪄낸 후 접시에 수북이 담아냈어요. 그리고 곧 이어지는 매장 직원의 시식 타임. 눈이 세 배쯤 커진 직원들의 입에선 연신 감탄사가 터져 나왔어요.

"와! 제이미, 이걸 정말 우리도 만들 수 있단 말이에요?"

"그럼요! 두말하면 잔소리죠. 내가 하는 걸 똑똑히 봤죠? 시간도 얼마 걸리지 않아요."

이걸 지켜보는 사람들이라면 누구라도 닭다리와 꾸스꾸스를 사고 싶어 안달이 날만 했죠.

제이미가 평범한 가정집을 방문해 미트볼 스파게티를 만들어 주는 이야기도 재미있어요. 세인즈버리 슈퍼마켓에 장을 보러 온 한 주부. 제이미는 그녀에게 '5파운드로 우리 가족 모두를 먹여 살리자' 캠페인을 소개하며 장보기를 도와줘요. 두 사람은 식품 코너 이곳저곳을 돌아다니며 양파와 다진 소고기, 스파게티 등을 쇼핑해서 집으로 돌아오죠.

볶은 마늘에 스파게티 소스를 넣고 구운 소고기 완자와 스파게티 면까지 넣자 미트볼 스파게티 완성. 커다란 볼에 담겨 식탁 한가운데에 놓인 미트볼 스파게티를 보자 가족 모두의 얼굴에 흐뭇한 미소가 번져나갔어요.

물론 궁극적으로 이 모든 광고는 세인즈버리에서 파는 식품을 홍

제이미가 모델로 활동해 크게 성공한 슈퍼마켓 체인점 '세인즈버리'

보하기 위한 것이었어요. 그러나 제이미는 아무리 상업적인 광고라 하더라도 사람들이 요리와 좀 더 친해지는 방법을 궁리했던 거예요. 다행히 제이미가 전하고자 하는 메시지는 사람들의 마음을 움직였고, '5파운드로 우리 가족 모두를 먹여 살리자' 광고 시리즈는 전파를 타자마자 폭발적인 반응을 불러일으켰어요.

세인즈버리를 찾은 사람들은 제이미가 요리할 때 사용한 재료들, 그러니까 너트 맥이나 바닐라콩, 허브 등을 장바구니에 담기 시작했어요. 사실 이런 재료들은 평소에 거들떠보지도 않았는데 말이죠. 세인즈버리의 매출은 놀라울 정도로 성장했어요. 2006년 1/4분기1~3월 땐 매출이 연초부터 5.3%씩 가파르게 올랐고, 국제금융위기로 영국 전체가 불황에 허우적대던 2008년에도 4% 안팎의 성장을 유지했어요.

제이미는 세인즈버리에서 쇼핑하지 않는다!

제이미가 세인즈버리와 손을 잡은 후 일어난 일련의 변화를 지켜본 언론은 앞다투어 이러한 내용의 기사를 보도했어요.

"만약 제이미가 없었다면 세인즈버리는 테스코Tesco나 아스다ASDA, 모리슨MORRISONS과 같은 경쟁자들과 벌이는 판매 전쟁에서 살아남지 못했을 것이다."

"제이미를 알아본 피터 데이비스야말로 진짜 행운의 사나이!"

이제 세인즈버리에게 제이미는 그 누구도 대신할 수 없는, 절대적인 존재가 되었어요. 제이미도 자신의 의견을 순순히 받아들여주고 섭섭하지 않게 대우해주는 세인즈버리에 고마움을 느꼈죠.

그러나 제이미는 세인즈버리와의 관계에서 한 가지 명백한 선을 그었어요. 2001년, 제이미가 영국의 유명 일간지인 〈더 인디펜던트 The Independent〉를 통해 "나는 오가닉 식재료 공급자나 농부 같은 특별한 재배자로부터 식재료를 삽니다. 그것은 절대로 타협할 수 없는 부분입니다."라고 공표한 거예요.

이것은 곧 자신이 운영하는 레스토랑에서 쓰는 식재료를 세인즈버리에서 사지 않는다는 뜻이었어요. 이에 더해 제이미는 세인즈버리 뿐 아니라 그 어떤 브랜드의 슈퍼마켓에서도 자신의 레스토랑에서 사용하는 식재료를 사지 않는다고 똑 부러지게 말했어요.

"아니, 이 친구 지금 뭐라고 말하는 거야? 자기가 홍보하는 슈퍼마켓에서 정작 자기는 물건을 사지 않는다니?"

"그럼 대체 제이미는 어디서 물건을 산단 말이죠?"

"우리에게 세인즈버리에서 파는 재료로 요리하라고 한 이유는 또 뭡니까?"

기사를 본 사람들은 당혹스러움을 감추지 못했어요. TV에 '세인즈버리'라는 로고와 함께 등장해 세인즈버리에서 파는 물건을 홍보하는 광고 모델이 자신은 그곳에서 물건을 사지 않는다니, 뭔가 이상해도 한참 이상하다고 생각한 거죠.

똑똑한 비즈니스맨, 멋지게 사는 남자 제이미

그러나 제이미는 세인즈버리의 광고 모델을 한다고 해서 꼭 세인즈버리의 물건을 사야 한다고 생각하지 않았어요. '가장 훌륭한 음식은 가장 신선한 재료에서 시작된다'고 믿는 제이미는 이미 오래전부터 손수 재배하거나 믿을만한 재배자와 직거래로 사들인 재료만을 사용했어요. 자신의 이름을 걸고 운영하는 레스토랑에서도 이러한 재료만을 사용했고요.

안타깝게도 대형 슈퍼마켓인 세인즈버리에선 제이미가 원하는 기준을 만족하게 해 줄 재료를 구할 수 없었던 거예요. 무엇보다 누가 재배했는지 불분명한 재료들이 대량으로 들어온다는 것이 제이미는 석연치 않았어요. 자신의 눈으로 확인한 재배지에서 믿을 수 있는 사람이 재배한 재료만 쓴다는 게 제이미의 요리 철학이었죠.

이러한 원칙을 지키기 위해 제이미는 자신이 정한 기준에 맞지 않는 제품은 직접 홍보하거나 지지하지 않았어요. 그는 〈더 인디펜던트〉와의 인터뷰에서 "나는 세인즈버리의 정크 푸드를 홍보하지 않습니다. 내가 홍보하는 세인즈버리 제품은 최소한 양심적으로 관리되고 있는 것들입니다."라고 말하기도 했어요.

세인즈버리는 어떻게 반응했느냐고요? 주변의 따가운 시선과 달리 뜻밖에 세인즈버리의 입장은 담담했어요. 물론 제이미가 세인즈버리를 홍보하면서 실제로 구입까지 하는 고객이 되어준다면 좋겠지만, 세인즈버리 측은 그의 정직함과 독립성의 경계 지키기를 군말 없이 인정해 주었어요.

세인즈버리 고객들의 바람직한 소비를 위해 아이디어를 제공하는 제이미광고 모델이자 기획자와 오랫동안 자신만의 요리철학을 지켜온 제이미레스토랑 오너이자 음식 운동가를 분리해서 생각했기 때문이에요. 심지어 세인즈버리는 제이미의 이러한 발언으로 인해 그동안의 좋았던 관계가 깨지지 않을까 염려해 공식적인 입장을 분명히 밝힐 정도였어요.

"비록 제이미가 세인즈버리에서 물건을 사진 않지만, 우리는 제이미와 여전히 훌륭한 관계를 유지하고 있습니다. 우리는 이러한 관계가 전혀 이상하다고 생각하지 않습니다."

똑똑한 비즈니스맨, 멋지게 사는 남자 제이미

제이미, 아이디어로
요리에 흥미를 더하다

어떻게 하면 사람들이 요리를 더 쉽고 빠르게 할 수 있을까? 제이미는 요리하는 시간을 절약하면서도 훌륭한 맛을 내는 방법을 궁리했어요. 각종 향신료를 한 번에 넣고 섞을 수 있는 플레이버 셰이커Flavour Shaker™와 '제이미 올리버'란 이름의 파스타 소스들은 그렇게 해서 탄생했죠. 제이미는 도자기나 프라이팬 등을 생산하는 세계적인 주방 기구 회사들과도 손을 잡고 사람들에게 요리에 대한 흥미를 심어 주었어요.

요리하는 시간을 줄여주자

'요리를 지금보다 좀 더 편하게 하는 방법은 없을까?' 제이미는 사람들이 요리를 어렵게 생각하는 이유가 뭘까 곰곰이 생각했어요.

'요리하는 시간을 획기적으로 줄일 수 있다면 사람들이 요리를 좀 더 쉽게 생각하지 않을까?'

제이미는 사람들이 재료를 준비하는 데 들이는 수고를 줄여 줘야겠다고 생각하고, 발명가로 변신했어요. 제이미 생애 첫 발명품의 이름은 '플레이버 셰이커Flavour Shaker™', 각종 향신료를 한꺼번에 넣고 돌리는 작은 기계였어요.

플레이버 셰이커는 20cm 정도의 높이에 오뚝이처럼 생겼는데, 위아래를 잡고 돌리면 양쪽이 분리되고 그 안에 탁구공처럼 작은 볼이 들어 있어요. 이 안에 소금이나 후추, 또는 라임이나 올리브유 또는 와인 등 요리에 필요한 재료들을 모두 넣은 후 마지막으로 볼을 넣고 꽉 막아 위아래로 세게 흔드는 거예요. 그럼 셰이커 안에 든 단단하고 무거운 볼이 이리저리 굴러다니면서 재료들을 고루 빻아줘 손쉽게 소스를 만들 수 있어요.

어때요, 요리할 때 꽤 유용할 것 같지 않나요? 재료를 일일이 썰고 다지고 또 섞을 필요 없이 한꺼번에 이 과정을 해결할 수 있으니, 칼을 잘 다루지 못하는 초보 요리사나 시간에 쫓기는 직장인들도 요리를 쉽게 할 수 있죠. 제이미는 바로 이런 점을 노려서 플레

똑똑한 비즈니스맨, 멋지게 사는 남자 제이미

이버 셰이커를 만든 거예요. 요리하는 시간을 대폭 줄여 주면 사람들이 요리를 좀 더 쉽게 느낄 것이고, 그러면 더 자주 요리를 해서 건강한 음식을 먹게 될 거라는 계산이었어요.

'제이미 올리버'란 이름의 브랜드

그리고 한발 더 나아가 제이미는 주방을 좀 더 아름답고 머물고 싶은 공간으로 만들기 위해 자신의 이름을 딴 주방용품과 식품 브랜드인 '제이미 올리버'를 탄생시켰어요.

제이미가 아이디어를 제공한 '제이미 올리버' 주방용품은 각각 용도와 크기, 색깔이 다른 접시와 컵, 볼 등을 비롯해 1인용 매트나 러너 등 테이블 웨어와 바비큐 장비까지 요리에 필요한 다양한 품목들로 구성되었어요. 화려한 장식보다 음식 본연의 가치를 중요시하는 제이미의 요리철학을 반영해 '제이미 올리버' 제품들은 심플한 디자인에 실용성을 강조했죠. 무엇보다 식재료의 특성과 조리의 디테일한 과정을 잘 알고 있는 전문 요리사가 디자인했다는 점에서 사람들은 '제이미 올리버' 제품을 크게 신뢰했어요.

이밖에 파스타 소스나, 스파게티, 올리브유, 발사믹 비네거 등도 제이미 올리버 브랜드로 출시되었어요. 특히 싱싱한 허브와 각종 향신료를 이용해 풍부한 맛과 향을 내는 요리를 추구해 온 제이미는 파스타 소스에 신경을 많이 썼어요. 제이미는 우리가 흔히 알고

'제이미 올리버' 상품들

제이미가 발명한 플레이버 셰이커

있는 토마토 소스나 크림 소스에서 한 단계 더 나아가 토마토와 마늘, 토마토와 칠리칠리의 열매를 이용해서 만든 매운 맛이 나는 향신료, 레드 오니언붉은색 양파과 로즈마리향신료나 차로도 마시는 허브의 일종 등을 매치시켜 그만의 독특한 파스타 소스를 선보였어요. 이것 역시 가정에서 쉽고 간편하면서 맛있는 음식을 먹을 수 있도록 하기 위한 것이었어요.

그리고 또 한 가지, 제이미는 자신의 이름을 걸고 출시하는 제품의 레이블label. 상표나 제품 이름. 첨가물 등을 표기한 종이나 천 조각에 특히 신경을 썼어요. 제이미는 레이블에 첨가성분이나 유통기한 등의 일반적인 정보 외에 어느 요리에 어느 정도 넣어 몇 분 동안 조리해야 하는지까지, 마치 TV에 나와 조목조목 시범을 보여 주는 것처럼 요리법을 친절하게 설명해 놓았어요.

'그래, 제이미가 하라는 대로만 하면 TV에서 본 것처럼 근사한 파스타를 만들 수 있을 거야.'

사람들은 레이블의 친절한 내용을 보며 마치 제이미가 자신에게 말을 걸고 있는 듯한 착각에 빠질 정도였어요. 영국은 물론 세계적으로 인기를 끌고 있는 '제이미 올리버' 제품은 우리나라에서도 쉽게 살 수 있을 정도로 대중화되었답니다.

세계적인 유명 회사들과 손을 잡다

제이미가 요리뿐 아니라 주방기구나 식품 분야에서도 맹활약하는 것을 보자, 세계 유수의 주방기구 회사들이 하루가 멀다고 전화를 걸기 시작했어요. 제이미는 행복한 고민에 빠졌고 몇몇 회사들과 함께 호흡을 맞췄죠. 그 중 대표적인 곳을 나열해 볼게요.

제이미는 본차이나로 유명한 영국의 유서 깊은 도자기 회사 처칠 차이나Churchill China와 계약을 맺고 식탁용 식기류를 직접 디자인했어요. 이미 오래전부터 세계적으로 품질을 인정받은 처칠 차이나 브랜드에 제이미라는 유명인의 솜씨가 더해지니 사람들은 처칠 차이나 제품을 갖고 싶어 안달이 날 지경이었죠. 제이미 덕분에 제2의 전성기를 맞은 처칠 차이나는 쉴 새 없이 기계를 돌려야 했어요.

제이미는 프라이팬 전문회사 테팔TEFAL과도 손을 잡았어요.

'저 프라이팬과 무선 포트만 있으면 제이미처럼 근사한 요리를 순식간에 할 수 있을 거야.'

'레이블에 제이미의 얼굴이 붙어 있으니 훨씬 더 믿음이 가는군.'

사람들은 슈퍼마켓에 걸린 프라이팬에서 '제이미 올리버'란 이름을 발견하는 순간, 사고 싶은 욕망을 참을 수 없었어요.

내 이름을 건
레스토랑을 열다

2008년, 제이미는 오랜 꿈이었던 이탈리아 레스토랑을 열었지만, 당시 영국의 경제상황은 최악이었어요. 맛있는 음식을 찾아다니던 미식가들조차 외식을 자제하고 지갑을 열지 않았어요. 제이미는 '제이미의 손맛을 느낄 수 있는 5파운드짜리 파스타', '직장인을 위한 저렴하고 건강한 샌드위치'처럼 불황을 극복하는 방법으로 메뉴의 가격을 대폭 내렸고, 사람들은 부담 없이 제이미의 레스토랑을 찾을 수 있었어요. 제이미가 서른두 살의 나이에 무려 70억 원이 넘는 재산을 가질 수 있었던 데에는 다 이런 이유가 있었답니다.

전 세계 30여 개 체인점,
이탈리안 레스토랑의 꿈을 이루다

제이미는 어린 시절, 요리를 시작하면서부터 이탈리아 요리에 관심이 많았어요. 나만의 레스토랑을 갖는다면 반드시 근사한 이탈리아 요리를 선보이겠다고 늘 생각해 왔죠. 이러한 마음에 더욱 불을 댕긴 건 몇 차례에 걸친 이탈리아 여행이었어요. 제이미는 이탈리아의 시골 사람들이 지역에서 나는 신선한 재료로 소박하게 차린 음식을 함께 나누어 먹는 모습을 보며 크게 감동 받았어요.

'이탈리아야말로 내가 추구하는 음식문화를 완벽하게 갖춘 곳이야. 이렇게 소박하고 인간적인 음식을 언젠가 내 손으로 재탄생 시킬 날이 반드시 올 거야.'

음식문화는 물론 이탈리아 사람들의 여유로운 삶에도 깊이 빠져든 제이미는 오래전부터 품어왔던 이탈리아 레스토랑을 오픈하기로 굳게 마음먹었어요. 사실 이 책의 초반에 이야기했던 것처럼 제이미 역시 자연과 더불어 자유로운 환경에서 자라온 까닭에 이탈리아 시골 사람들의 삶에 더 깊이 공감했는지도 몰라요.

2008년 6월, 제이미는 드디어 영국 옥스퍼드Oxford에 첫 번째 레스토랑을 오픈했어요. 레스토랑의 이름은 자신의 이름을 그대로 따서 '제이미즈 이탈리안Jamie's Italian'이라고 지었어요. 제이미를 좋아하는 팬들 덕분에 1호점이 성공적으로 안착하자 같은 해 10월과 11

제이미가 자신의 이름을 걸고 차린 '제이미즈 이탈리안'

월, 영국의 바스Bath와 킹스턴Kingston에 2, 3호점을 오픈했어요. 현재 '제이미즈 이탈리안'은 영국 전역을 비롯해 오스트레일리아, 아일랜드, 터키, 싱가포르, 두바이와 러시아까지 전 세계 30여 곳에서 크게 인기를 얻고 있어요.

자, 그럼 이쯤에서 제이미의 재력이 궁금하지 않나요? 자신의 이름을 건 레스토랑과 식품 브랜드, 줄줄이 베스트셀러 행진을 하는 책까지 거느리고 있으니 말이에요. 제이미는 서른두 살에 이미 영국의 유명 주간지 〈썬데이 타임즈Sunday Times〉가 선정하는 부자 리스트에 오를 정도로 돈을 많이 벌었어요.

당시 자료를 종합, 분석한 언론인과 연구원들은 제이미가 가진 재산이 400만 파운드약 69억 5700만 원 정도라고 추측했어요. 정말 어마어마한 액수죠? 아마 그 후로도 7년 정도의 시간이 흘렀으니 현재 제이미가 가진 재산은 100억 원도 넘을지 몰라요.

5파운드 파스타로 모면한 위기

그러나 아무리 세계적인 스타 요리사라고 해도, 레스토랑을 여는 족족 성공하는 건 아니에요. 경기가 좋지 않거나 주위에 막강한 레스토랑이 문을 여는 등 외부적인 요인에 의해서도 장사가 잘되지 않을 수도 있죠.

제이미에게도 이런 위기가 있었냐고요? 물론이죠. 사실 제이미

똑똑한 비즈니스맨, 멋지게 사는 남자 제이미

는 최악의 상황 속에서 레스토랑에 도전했거든요.

2008년, 제이미가 옥스퍼드에 '제이미즈 이탈리안' 1호점을 열 당시 영국은 글로벌 경제위기의 영향으로 경제상황이 몹시 아주 나빴어요. 주말마다 쇼핑하고 여행을 다니는가 하면 밤늦도록 펍에서 자유분방한 시간을 보내던 사람들이 퇴근과 동시에 집으로 향했고, 좀처럼 거리로 나오려 하지 않았어요. 심지어 명품매장을 찾던 사람들조차 지갑을 열지 않고 외식을 자제할 정도였어요.

'내가 왜 하필 이러한 때에 레스토랑을 열겠다고 했을까?'

'너무 성급했던 게 아닐까……'

제이미가 땅을 치고 후회했을까요? 전혀 그렇지 않았어요. 당시 영국의 경제상황은 꽁꽁 얼어붙은 땅처럼 잔뜩 웅크리고 있었고, 제이미 역시 그러한 분위기를 모를 리 없었어요.

그러나 제이미는 조금 다르게 생각했어요. '어찌 보면 이건 아주 간단한 문제야. 경제 위기 때문에 하고 싶은 걸 하지 못하는 현실은 사람들의 욕망을 오히려 더 부추기고 있어. 외식하지 못하는 이유가 돈이 없어서라면 그것으로부터 자유롭게 해 주면 돼.'

제이미는 '제이미즈 이탈리안'을 오픈함과 동시 '5파운드 이벤트'를 시작했어요. 파스타 한 접시에 5파운드약 8700원면 스타 요리사 제이미가 야심 차게 준비한 다양한 종류의 파스타를 먹을 수 있도록 말이죠. 소문은 빠르게 돌아 런던 시내를 떠들썩하게 만들었어요.

"이봐 헨리, 소문 들었나? 제이미의 이탈리안 레스토랑에서 파스타를 5파운드에 판다는군."

"그래? 그럼 한번 가볼 만하겠는걸."

"요즘 통 하지 못했던 주말 모임을 제이미의 레스토랑에서 하는 건 어떤가?"

"그거 좋지. 오랜만에 친구들도 볼 수 있겠는걸. 찬성일세!"

영국인 대다수가 심리적으로 위축된 상황에서 제이미의 파격적인 아이디어는 숨통을 틀 수 있는 돌파구가 되었고, 런던 중심에 있는 유명 레스토랑들이 파리만 날리고 있던 시점에 '제이미즈 이탈리안'은 매일 밤 사람들이 줄을 설 정도로 성황을 이뤘어요.

그러고 보니, 제이미는 5파운드를 은근히 좋아하나 봐요. 세인즈버리 슈퍼마켓 캠페인에서도 '5파운드로 온 가족을 먹여 살리자'고 외쳤잖아요. 아, 생각해 보니 제이미가 태어난 달도 5월이군요!

불황, 그러나 난 절대 포기하지 않는다

제이미는 이뿐 아니라 이듬해 경제 불황이 최고조에 다다른 시점에도 남다른 선택을 했어요. 대부분 경영자는 위기에 봉착해 계획했던 사업들을 서둘러 그만 두었지만, 제이미는 오히려 전보다 더 열정적으로 사업을 확장해나간 거예요.

그중 커피와 샐러드, 유기농 곡물로 만든 빵을 파는 카페 겸 베이커리 숍 '레시피스Recipease'를 연 게 대표적이에요. '레시피스'란 요리법Recipe과 평화Pease를 합친 말로, '행복을 주는 요리법'이란 뜻을 담았어요. 제이미는 신선한 재료를 이용해 다양한 메뉴를 선보였고, 가격도 최대한 저렴하게 책정했어요. 시간에 쫓기는 직장인들을 위해선 샌드위치와 샐러드를 한 팩에 담아 사갈 수 있도록 배려했죠. 레시피스가 입소문을 타고 사람들이 몰려들자 제이미는 이곳에서 요리를 가르쳐 주는 쿠킹 클래스도 열었어요.

아무리 허리띠를 졸라매야 할 정도로 주머니 사정이 좋지 않다고 해도 건강만큼은 포기할 수 없다는 제이미의 생각에 사람들은 차츰 동의했고, 경제 전문가와 언론인, 음식 비평가들도 고개를 끄덕였어요. 제이미는 영국의 한 저널리스트와의 인터뷰에서 이렇게 말하기도 했어요.

"모든 사람이 저에게 속도를 늦추고 고삐를 당기라고 조언했지만 저는 그들의 말을 듣지 않았습니다. 우리는 올해 다섯 개의 레스토랑을 오픈했고, 손님들은 매일 밤 줄을 서고 있어요. 저는 지금 상황이 결코 우울하다고 생각하지 않습니다. 다른 레스토랑 주인들도 지금 당장 가격구조를 올바로 세워야 한다고 생각해요."

역발상의 도전정신으로 돌파구를 찾은 제이미는 레스토랑이나 카페 외에도 전문적으로 요리를 가르쳐 주는 파티 플래닝 회사를 설립하기도 했어요.

도대체 제이미의 이런 배짱은 어디서 나온 걸까요? 제이미는 어떤 중요한 결정을 할 때마다 가슴 깊이 새겨둔 코카콜라사의 전 회장 로베르토 고이주에타Roberto Goizueta의 말을 되뇌며 마음을 다잡았다고 해요.

"만약 당신이 위험을 감수한다면 아직 실패하지 않은 것일지 모른다. 그러나 위험을 감수하지 않는다면 분명히 실패할 것이다. 가장 큰 위험은 아무것도 하지 않는 것이다."

제이미는 비록 실패하거나 좌절한다 해도 도전을 주저하지 않았어요. 원하는 만큼의 성과를 얻지 못하거나, 또는 예상 밖의 손해를 입는다고 해도 로베르토 고이주에타의 말처럼 현실에 안주하는 것만큼 어리석은 일은 없다고 생각했어요.

똑똑한 비즈니스맨, 멋지게 사는 남자 제이미

방송 프로그램
제작에 뛰어들다

제이미는 자신이 출연하는 방송 프로그램을 만들어 주던 기존 프로덕션을 벗어나 '프레시 원Fresh One Production'이란 이름의 프로덕션을 직접 설립했어요. 프로그램을 더 자유롭게, 원하는 방향대로 만들고 싶었기 때문이었어요. 그러나 방송계에서 내로라하는 전문가를 영입한 후에는, 아예 관심조차 없는 사람처럼 그들에게 모든 일을 100% 믿고 맡겼어요. 제이미의 사업가적인 배짱과 기질을 엿볼 수 있는 부분이지요.

제이미는 요리사의 이미지를 뛰어넘는 다양한 분야의 벤처사업에도 도전했어요. 애니메이션, DVD, 모바일, 닌텐도 DS 게임 등 광범위한 분야의 전문회사와 손을 잡고 콘텐츠를 제공하고, 공동 운영 하기도 했어요. TV나 책은 기본이고 어떤 분야의 미디어 채널이든 거부감 없이 뛰어들어 자신의 역량을 마음껏 발휘했죠.

그중 가장 주목할 만한 분야는 바로 프로덕션에요. 제이미는《더 네이키드 셰프》시리즈가 막바지에 이를 때쯤인 2000년에 '프레시 원 프로덕션Fresh One Production'을 설립했어요.

프로덕션이 뭐냐고요? 프로덕션은 드라마나 뮤직 비디오, 광고 등을 제작하는 전문 회사에요. 우리가 보는 대부분의 영상 제작물을 이런 프로덕션 회사에서 만들고, 방영은 MBC나 KBS, SBS 등의 방송국에서 하는 거예요.

제이미도 이전까진 이렇게 기존에 있던 프로덕션과 함께《리버 카페의 크리스마스》나《더 네이키드 셰프》를 만들었어요. 그런데 기성 프로덕션 회사들과 호흡을 맞추다 보니 자신의 개성을 마음껏 펼치는데 한계가 있고 그들을 설득하는 과정도 복잡했어요.

'차라리 내가 프로덕션 회사를 차리는 건 어떨까? 그럼 훨씬 더 자유롭고 의미 있는 프로그램을 만들 수 있을 텐데 말이야.' 제이미는 생각에 잠겼고, 아내 줄스에게 속마음을 털어놓았어요.

"줄스, 내가 직접 프로그램을 만들면 어떨 것 같아?"

"제이미, 함께 일하는 프로덕션하고 무슨 문제라도 있는 거야?"

"아니 그런 건 아닌데, 내 손으로 프로그램을 만들면 내가 하고 싶은 이야기를 좀 더 깊이 있고 진지하게 전달할 수 있을 것 같아."

"흠, 좋아. 한번 도전해 봐. 난 언제든지 자기 편이니까, 열심히 응원해 줄게."

용기를 얻은 제이미는 '프레시 원Fresh One'이란 이름의 프로덕션을 차렸고, 이후 피프틴 레스토랑 훈련생들의 성장기를 담은《제이미의 키친Jamie's Kitchen》과 식단 개선 캠페인을 다룬《제이미 올리버의 음식 혁명Jamie Oliver's Food Revolution》등 사회적 파장을 불러일으킨 프로그램들을 만들었어요.

그런데 이들 프로그램은 제이미 특유의 재치와 유머가 넘치거나 근사한 요리로 사람들의 시선을 사로잡는 기존의 프로그램들과는 차원이 다른 내용이었어요. 음식문화를 둘러싼 우리들의 일그러진 현실을 폭로하여 변화를 이끌어내려는 게 제이미의 궁극적인 목적이었죠. 또는 요리를 통해 어려운 환경에 놓인 젊은이들의 소망을 실현할 수 있다는 걸 보여 주고 싶었어요.

결국, 제이미가 프레시 원 프로덕션을 통해 전하고자 한 메시지는 '건강한 음식, 그리고 요리의 과정이야말로 삶을 좀 더 풍요롭고 아름답게 해주는 원동력이자 희망'이라는 것이었어요.

사회적 기업, 피프틴재단의 탄생

제이미가 세계적인 유명인사로 존경을 받는 이유 중 하나는 피프틴재단을 성공적으로 운영하고 있다는 거예요. 제이미는 피프틴재단을 통해 가정 형편이 어려운 10대들에게 직업을 주고 또 요리를 가르쳐서 미래를 꿈꿀 수 있도록 했어요. 개인 재산은 물론, 레스토랑을 운영해서 번 돈까지 훈련생들의 교육에 아낌없이 투자한 제이미는 피프틴재단을 세계적으로 주목받는 사회적 기업의 본보기로 성장시켰어요. 바로, 나 혼자만의 행복이 아닌 사회 전체의 행복을 추구하는 것이 얼마나 가치 있는 일인지 직접 보여 준 거예요.

개성과 아이디어 넘치고 실력까지 갖춘 요리사. 혜성처럼 등장한 방송계의 기대주. 그러나 제이미는 여기에 만족하지 않았어요. 자신에게 주어진 능력을 발휘해 사회에 도움이 되는 사람이 되고 싶었던 거죠. 제이미는 2002년, 피프틴Fifteen재단이라는 사회적 기업영리기업과 비영리조직의 중간 형태로, 사회적 목적을 추구하면서 영업활동을 하는 기업을 만들었어요. 가정형편이 어려운 젊은이들에게 교육의 기회를 주고 직업을 가질 수 있도록 도와주기 위해서였어요.

여기서 잠깐, 제이미가 피프틴재단을 설립하게 된 데에는 아내 줄스의 영향이 컸어요. 제이미와 줄스가 런던으로 이사 간 지 얼마 되지 않은 어느 날 줄스가 제이미에게 말을 꺼냈어요.

"제이미, 내 친구 중에 브라이턴Brighton. 영국의 해변 휴양도시에서 어려운 어린이들을 돌보는 케이트가 있어. 그런데 그 친구 말이, 아이들이 너무나 괴상하고 공격적이라는 거야.

"대체 아이들이 어떤데?"

"욕을 퍼붓거나 거친 행동을 하고, 또 작은 일로 저희끼리 크게 다투기도 한대."

"정말 심각하구나."

"그런데 그나마 아이들이 아이다운 눈빛으로 돌아올 때가 있는데, 그건 오직 스쿠터를 타거나 요리를 할 때래. 왜냐하면, 그때는 일하지 않거나 음식을 먹을 수 있으니까."

"그게 정말이야?"

줄스의 이야기를 듣는 내내 제이미는 심각한 표정을 지었어요. '친구들과 한창 뛰어놀 나이에 그럴 수 없다는 건 아이들에게 굉장히 괴로운 일일 거야.'

하지만 아이들의 현실은 쉽게 바뀔 수 있는 게 아니었어요. 제이미는 다시 곰곰이 생각했죠.

'그래 어차피 일해야 한다면 즐겁게 할 수 있는 환경을 만들어주는 건 어떨까? 아이들이 일을 통해 생활비를 버는 것과 동시에 희망을 키워나갈 수 있다면 정말 환상적일 거야.'

제이미의 생각은 점점 더 현실적으로 발전했어요.

훈련생으로 누구를 뽑을 것인가?

제이미는 피프틴재단을 통해 기부금을 조성하는 한편, 같은 이름의 레스토랑인 '피프틴'을 열었어요. 그리고 제이미와 훈련생들이 레스토랑에서 부대끼며 생활하는 일상을 《제이미의 키친Jamie's Kitchen》이란 제목의 다큐멘터리로 제작했어요. 바로 이 프로그램이 앞에서 말한 프레시 원 프로덕션에서 만든 거예요.

제이미는 훈련생들에게 일자리를 주는 것과 동시에 전문 요리사들에게 요리를 배울 기회도 제공하기로 했어요. 그런데 한 가지 고민이 있었어요.

제이미가 피프틴 레스토랑의 훈련생을 모집한다는 소문이 돌자 1500명도 넘는 지원자가 피프틴의 문을 두드린 거예요. 선발 인원은 고작 15명인데 말이죠. 제이미는 최대한 공정하고 객관적으로 훈련생을 선발하기 위해 자신이 졸업한 WKC요리학교의 교수님들을 모셔왔어요. 교수님들은 지원자들의 환경이나 적성, 교육에 대한 의지 등을 신중히 살펴서 훈련생을 뽑았죠.

이러한 노력에도 불구하고 제이미는 '프로그램의 흥행을 위해서 일부러 약물 중독자나 알코올 중독자, 노숙자 같은 지원자만 골라서 뽑는 건 아니냐?'는 오해를 받기도 했어요.

'아니 순수한 내 마음을 이렇게 삐딱하게 보다니, 너무들 하는군.'

이런 말을 들을 때마다 제이미의 심장은 찢어지는 듯했어요. 결단코 제이미는 TV 스타로서의 인기를 더 많이, 더 오래 누리기 위해 피프틴재단을 설립한 게 아니었어요. 앞에서도 말했듯이 자신이 좋아하는 요리를 통해 10대들에게 희망을 주고 싶었던 게 제이미의 진심이었죠.

그런데 이런, 불우한 젊은이들을 제물로 바쳐서 인기를 얻으려했다니! 제이미는 프로그램에 극적인 요소를 주기 위해 소위 문제아들만 뽑는다는 억지스러운 말에 이렇게 답했어요.

"우리가 선택한 아이들은 절대 불우하지 않습니다. 그들은 그저 직업이 없는 평범한 아이들일 뿐이에요. 나는 그들의 눈이 불타오르는 걸 느꼈습니다."

최고 실력의 멘토, 최고 수준의 교육

제이미는 훈련생들을 최고 수준의 요리사로 키우고 싶었어요. 훈련생들 역시 영국에서 내로라하는 레스토랑에서 일하고 싶었어요. 이 두 가지를 모두 이루기 위해 제이미는 훈련생들을 가르칠 선생님이자 멘토를 당시 최고 실력의 요리사들로 구성했어요.

닐 스트리트 레스토랑의 요리 전문가 제나로 콘탈도Gennaro Contaldo를 비롯해 리버 카페River Cafe의 주인이자 비즈니스 파트너인 로즈 그레이Rose Gray, 루스 로저스Ruth Rogers 등이 그들이었어요. 멘토들은 훈련생들이 가능한 한 빨리 요리에 흥미를 느낄 수 있도록 재료에 대한 설명이나 조리 기구를 다루는 방법 등 요리의 전 과정을 친절하게 가르쳤어요.

훈련생들의 실력은 하루가 다르게 쑥쑥 성장했고 피프틴재단의 교육과정도 그에 맞춰 점차 전문화되어갔어요. 그런데 피프틴재단의 멘토들이 반드시 지키는 철칙이 있었어요. 바로 모든 음식을 손으로 직접 만든다는 것이었죠. 스파게티 면과 빵은 기본이고 아이스크림과 절인 고기, 음료까지 손님의 입으로 들어가는 모든 음식을 피프틴 레스토랑의 요리사들이 직접 만들었어요.

이를테면, 우리가 떡볶이집에서 치즈 떡볶이를 주문했다고 쳐요.

똑똑한 비즈니스맨, 멋지게 사는 남자 제이미

이때 떡볶이에 들어가는 재료 중 요리사가 직접 만드는 건 몇 가지나 될까요? 떡과 어묵, 치즈는 물론이고 고추장까지 대부분 재료를 도매상에서 사올 거예요. 요리사가 하는 일은 육수와 떡볶이 양념장을 맛있게 만드는 것 정도겠죠?

그러나 제이미는 우유를 이용해 피자에 들어가는 치즈를 만들고, 멸치를 절여 파스타에 들어가는 엔초비서양식 멸치 젓갈를 만들었어요. 사실 시간이나 노력이 굉장히 많이 가는 귀찮은 일이죠. 사오면 아주 간단한데 말이에요.

제이미는 훈련생들에게 요리의 재료가 어떻게 만들어지는지, 그리고 기성품과 손수 만들어 쓰는 핸드메이드 재료의 차이는 무엇인지 알려 주고 싶었던 거예요.

이에 더해 제이미는 훈련생들에게 요리뿐 아니라 교양도 가르쳤어요. 식재료를 잘 다루고 맛을 그럴듯하게 내는 것만으로 훌륭한 요리사가 될 순 없다고 생각했기 때문이었어요.

제이미는 음식의 역사와 문화적 배경은 물론, 기본적인 예절과 인간관계 형성법 등 훈련생들의 인성 교육까지 세심하게 신경 썼어요. 그러한 교육 프로그램 중 하나로 청소년 교도소에 방문하기도 했어요. 그곳에서 훈련생들은 비행 청소년들과 함께 요리하고 대화도 나누며 요리 이상의 또 다른 사회를 경험했어요.

제이미를 포함한 피프틴재단의 멘토들은 훈련생들에게 피프틴 레스토랑의 정체성을 확실히 각인시킬 필요가 있었어요. 즉 피프틴 레스토랑은 훈련생들에게 요리와 서빙 등을 가르치는 학습의 장이기도 하지만, 엄연히 수익을 목적으로 하는 레스토랑이었어요.

여기서 똑똑한 친구들은 고개를 갸웃거릴지도 모르겠네요. 왜냐하면, 제이미는 수익을 목적으로 하지 않는 사회적 기업으로서 피프틴을 설립했다고 했으니까요. 맞아요. 피프틴재단은 기부금을 모아 어려운 환경에 놓인 10대들을 돕기 위해 탄생했어요.

하지만 '배고픈 사람에게 고기를 주지 말고, 고기 잡는 방법을 가르쳐 줘라'는 말이 있듯이 제이미는 훈련생들이 자기 힘으로 생활할 힘을 길러 주고 싶었어요. 그러자면, 그들에게 필요한 건 배움과 동시에 현실을 피부로 느낄 수 있는 체험이었어요. 제이미는 훈련생들을 제자이자 직원으로 대우하며 학습과 함께 금전적인 대가를 지급했어요. 훈련생들 입장에선 더할 수 없이 좋은 기회였죠.

그렇다고 행운의 주인공인 훈련생들이 마냥 기뻐할 수만은 없었어요. 아무리 피프틴재단의 설립 의도가 칭찬할 만하더라도 음식이 형편없거나 서비스가 좋지 않다면 손님은 바로 발길을 돌려버릴 테니까요. 훈련생들은 때로 멘토들에게 눈물이 쏙 빠질 만큼 호되게 꾸지람을 듣기도 했고, 동료 훈련생들과 자신의 실력을 비교하며 자책에 빠지기도 했어요. 제이미와 멘토들은 훈련생 중 누구도 낙오되는 걸 바라지 않았어요. 실력 있는 제자이자 프로 요리사가 되기를 간절히 소망했죠.

하지만 아직 어린 친구들과 함께 레스토랑을 운영하는 건 생각보다 쉽지 않았어요. 요리에 앞서 조직생활을 경험해 본 적 없는 훈련생들은 때로 제이미를 당혹스럽게 만들기도 했어요.

"이봐 잭, 고기를 다뤘던 도마를 씻지도 않고 그 위에서 양파를 다지면 어떡해?"

화들짝 놀란 제이미가 소리를 지르자 돌아오는 말은 "뭐가 잘못됐나요?"란 황당한 대답이었어요. 훈련생들은 한창 분주한 시간대에 삼삼오오 모여 수다를 떨기도 하고, 때론 제이미의 충고에 토라져서 버럭 화를 내며 밖으로 뛰쳐나가기도 했어요.

피프틴은 반드시 성공해야 한다!

더 큰 문제는 주방에서 일어나는 이러한 일상이 고스란히 TV에 방영된다는 데 있었어요. 물론 제이미는 처음부터 《제이미의 키친 Jamie's Kitchen》을 통해 가공하지 않은 피프틴 레스토랑의 모습을 고스란히 보여주겠다고 결심했지만, 자칫 잘못하면 이런 장면이 제이미의 이미지에 타격을 입힐 수도 있었어요.

처음 의도와 상관없이 훈련생들이 레스토랑에 적응하지 못하고 방황하는 모습이 방송에 비치면 시청자들은 어쩌자고 죄 없는 아이들을 데려다 혹사하느냐며 제이미를 비난할 수도 있으니까요.

이렇듯 《제이미의 키친》의 성격은 《더 네이키드 셰프》와 완전히 달랐어요. 사람들을 즐겁게 해주는 요리와 이야기들로 꾸며지는 《더 네이키드 셰프》와 달리 《제이미의 키친》은 요리사를 꿈꾸는 10대들의 다큐멘터리 성장기였죠.

훈련생들이 이 과정을 훌륭하게 견뎌내고 피프틴 레스토랑도 장사가 잘된다면 좋겠지만, 만약 그렇지 않다면 제이미가 안아야 할 위험부담은 이루 말할 수 없이 컸어요. 이것은 비단 방송 안에서의 문제가 아니라 프로그램이 끝난 후에도 마찬가지였어요. 제이미에 대한 평판이 더 좋아질 수도, 반대로 땅에 떨어질 수도 있으니까요. 그러니 제이미 입장에서 피프틴 레스토랑은 무조건 성공해야 하는 절체절명의 과제였어요.

그리고 또 하나, 피프틴 레스토랑이 반드시 성공해야만 하는 이유는 훈련생들의 교육비가 레스토랑의 수익금으로 충당되었기 때문이었어요. 레스토랑에 손님이 많이 와서 장사가 잘되어야 더 많은 훈련생이 혜택을 받을 수 있었죠.

승승장구하는 피프틴, 세계로 비상하다

그렇다면 과연, 피프틴은 성공했을까요? 네, 물론이에요. 결과는 대성공이었어요! 피프틴 레스토랑은 문을 연 지 1년 후인 2003년, 영국의 명성 있는 잡지 〈탈터Talter〉로부터 그해 최고의 레스토랑으로 선정되는 등 여러 개의 상을 휩쓸었어요. 조마조마해하며 촬영했던 다큐멘터리 《제이미의 키친》도 엄청나게 인기를 얻어서 그해의 가장 주목받는 프로그램으로 기록됐어요.

하지만 이러한 유명세가 돈하고 바로 연결되는 건 아니었어요. 피프틴재단의 훈련생을 교육하는 데에는 생각보다 많은 돈이 들어갔고, 제이미는 피프틴재단을 설립한 후 여러 해 동안 자신의 돈을 쏟아 부어야만 했어요.

2002년부터 2004년까지 3년 동안 제이미는 자신의 재산 중 168만 파운드약 29억 2천만 원를 피프틴재단에 투자했고, 이후 2007년까지도 피프틴재단 운영비 일부를 사비로 충당해야 했어요. 개인적으로 상당히 부담스러운 일이었지만 제이미에겐 반드시 성공할 거라는 확신이 있었고, 비록 실패의 쓴맛을 본다 하더라도 사회적으로 의미 있는 일이니 도전할 가치가 충분하다고 생각했어요.

대신 제이미는 훈련생들이 하루하루 성장하는 모습을 보며 돈과는 바꿀 수 없는 행복을 느꼈어요. 피프틴Fifteen이란 이름은 2002년, 처음 교육을 시작한 훈련생의 수인 15명에서 따온 것인데, 현재까지 이 과정을 마친 졸업생이 무려 200명이 훌쩍 넘거든요.

12개월의 교육과정을 모두 마친 졸업생들은 레스토랑을 운영하거나 TV에 출연하기도 하고, 런던을 비롯해 뉴욕과 시드니에 있는

피프틴 레스토랑

최고급 레스토랑에서 일하고 있어요. 분명한 것은 피프틴 졸업생들 가운데 90% 이상이 현재 요리업계에서 일하고 있다는 거예요.

제이미의 훈련생 교육 프로그램 역시 지금까지 지속하고 있고, 피프틴 레스토랑도 승승장구해 런던을 넘어 세계로 뻗어 나갔어요. 2003년 암스테르담에 첫 프랜차이즈 레스토랑을 연 후 2006년엔 멜버른에도 피프틴 레스토랑이 들어섰어요. 이제 영국을 넘어 네덜란드나 오스트레일리아에 가서도 제이미의 손맛을 느낄 수 있게 된 거예요.

그러나 제이미는 누구에게나 '피프틴'이란 이름을 허락하지 않았어요. 피프틴 레스토랑의 프랜차이즈화를 공식 선언한 후 무려 2천 명 이상이 제이미에게 프로즈 했지만, 제이미는 지원자들의 조건을 철저하게 따졌어요. 수익을 내는 것도 중요하죠. 그래야 훈련생들을 지속해 교육할 수 있으니까. 하지만 사회적 기업이라는 설립 취지와 경영 원칙을 성실히 수행할 수 있는 사람에게만 피프틴의 이름을 허락했어요. 제이미는 치밀한 조사와 검열, 시뮬레이션 등의 과정을 거쳐서 암스테르담과 멜버른 단 두 곳에만 피프틴의 간판을 걸 수 있도록 했어요.

결론적으로, 제이미는 영국 사회에 사회적 기업의 역할을 성공적으로 인식시켰고, 이의 공로를 인정받아 2003년, 불과 스물여덟 살의 나이에 그의 생애 최대의 명예로 기록될 MBE 훈장을 받았답니다.

피프틴을 이끈 전문가들,
리암 블랙 & 페니 뉴만

제이미는 피프틴을 성공적으로 정착시키기 위해서 관련 분야의 전문가들을 영입하고, 아낌없이 투자했어요. 그 중 대표적인 사람이 리암 블랙Liam Black이에요. 그는 FRCFurniture Resource Center, 가구 재활용 센터로 영국의 사회적 기업의 설립자이자 영국 사회적 기업의 개척자죠.

리암 블랙은 레스토랑 운영 경험이 전혀 없는 피프틴재단에 합류해서, 사회적 기업이 어떻게 성공적으로 고용을 창출하며 사회적으로 긍정적인 결과물을 내는지를 보여주었어요. 그의 가장 중요한 역할은 피프틴이라는 브랜드를 영국과 전 세계로 확대함과 동시에 피프틴의 근본적인 비즈니스 콘셉트를 정립하는 것이었어요.

2008년, 리암 블랙은 피프틴재단을 떠나며 새로운 상임이사로 페니 뉴만Penny Newman을 추천했어요. 페니 뉴만은 과거 바디숍과 공정거래 커피 회사인 카페 다이렉트Cafe direct에서 실력을 인정받은 사회적 기업가였어요. 페니 뉴먼은 피프틴 레스토랑이 효율적이며 친환경적인 방법으로 매출을 올려 훈련생들을 위한 비즈니스 모델을 정립해야 한다고 주장했어요. 페니는 피프틴의 교육체계 범위를 확립하는 데 큰 기여를 했어요.

"피프틴의 핵심적인 비전은 모든 호텔 산업 훈련의 허브가 되는 것입니다. 파견된 젊은이들은 레스토랑 곳곳에서 기술을 발휘해 전면에 설 수 있는 중추적인 인물이 될 것입니다."

음식 운동가 제이미,
더 나은 세상을
꿈꾸다

학교급식의
현실을 파헤치다

영국에서 제이미는 요리사라기보다 음식 혁명 운동가로 더 유명하다는 걸 알고 있나요? 제이미가 이런 타이틀을 얻게 된 출발점이 바로 학교급식 캠페인이에요. 제이미는 학교에 찾아가 설탕과 소금, 지방으로 범벅된 인스턴트식품을 아이들에게 급식으로 주는 현실을 관찰했어요. 그리고 TV 프로그램을 통해 이러한 장면을 세상 사람들에게 낱낱이 폭로했죠. 사람들은 '지나친 참견이다', '제이미가 의사라도 된단 말이냐'라며 냉소적인 태도를 보였지만, 제이미의 의지는 더욱 강해졌어요.

2004년 제이미는 피프틴재단 활동과 함께 학교급식 개선 캠페인을 시작했어요. 사실 제이미가 세계적으로 유명해진 가장 큰 이유이며 다른 요리사와의 차별점을 확실히 드러낸 건 바로 이 저돌적인 학교급식 캠페인 덕분이었어요. 또한, 이 캠페인은 영국 사람들이 제이미를 요리사이기보다 사회 운동가로 인식하는 데 결정적인 역할도 했어요.

사실 제이미는 WKC요리학교에 다닐 때부터 이런 생각을 하고 있었어요. 좋은 음식은 신선하고 윤리적인 재료에서 비롯된다는 것이 제이미의 요리 철학인데, 학교급식의 현실은 그렇지 않았거든요. 제이미는 곰곰이 생각에 잠겼어요.

'지금 영국 학교급식 상황은 너무나 처참해. 학교나 관계 기관, 업체들은 급식의 단가를 낮춰서 이득을 얻으려고만 하지. 아이들의 건강은 뒷전이야. 그러니 음식의 질은 떨어지고 영양가도 낮아질 수밖에 없어. 신선한 채소와 손으로 직접 만든 빵을 주지는 못할망정 설탕과 소금을 잔뜩 넣은 인스턴트식품을 성장기 아이들에게 주다니, 건강에 절대 좋을 리가 없어. 더구나 아이들은 점점 운동도 하지 않으면서 지방과 설탕 덩어리인 음식을 먹고 있어. 아이들 세대에서 이런 상황이 계속된다면 결국 미래엔 심장병이나 암, 당뇨병이 더 많이 발생할 수밖에 없을 거야. 게다가 사탕이나 케이크, 탄산음료 등은 아이들의 정신발달과 행동에도 나쁜 영향을 끼친다고. 부모들은 왜 아이들이 난폭한 행동을 하거나 주의력 결핍 장애Attention Deficit Disorder를 보이는지 모르겠다고 하소연하지만, 사실 그게 음식 때문일 수도 있다는 걸 모르고 있어. 정말이지 이루 말할 수 없이 심각한 현실이군.'

제이미는 학교급식의 현실을 직접 눈으로 확인하기 위해 런던 남동쪽에 있는 키드브루크 스쿨Kidbrooke School로 달려갔어요. 그리고 피프틴 레스토랑 때와 마찬가지로 학교급식 개선 캠페인의 모든 과정을 다큐멘터리에 담기로 했어요.

《제이미의 키친》에 이어 제작된 이 다큐멘터리의 제목은《제이미의 스쿨 디너Jamie's School Dinners》였어요. 카메라에 담긴 현실은 생각보다 더, 눈을 의심할 만큼 처참했어요.

아이들의 점심시간을 관찰하다

"애들아, 지금 뭘 먹고 있니?"

어떤 재료로 만들었는지 알 수 없는 패티patty, 다진 고기에 빵가루 등을 넣고 동글납작하게 만들어서 구운 것와 치킨 너깃chicken nugget, 닭을 갈아서 작고 동그랗게 만들어 튀겨낸 것을 먹는 아이들, 빵에 케첩을 발라먹는 아이들, 초콜릿만 먹는 아이들, 젤리나 과자만 먹는 아이들. 점심시간의 풍경은 대략 이러했어요. 싱싱한 채소나 과일은 고사하고 빵 한 조각이라도 좋은 재료로 정성껏 만든 것을 먹는 아이는 눈을 씻고 찾아봐도 없었죠. 제이미는 울고 싶은 심정으로 학교 강단에 서서 마이크를 잡았어요.

"아이들이 먹고 있는 치킨 너깃과 패티에 실제로 무엇이 들어 있는지 저는 솔직히 아무것도 모르겠습니다. 분명한 사실은 인생에서 가장 중요하고 아름다운 시기를 보내고 있는 아이들에게 이런 음식을 준다는 것이 크게 잘못되었다는 것입니다. 아이들이 먹는 이 음식에서 저는 아무 맛도 느낄 수가 없고 어떤 재료가 들어갔는지도 도무지 알 수가 없네요. 아이들의 건강을 해치는 인스턴트식품, 정크 푸드로 가득한 학교 급식의 현실을 어찌해야 좋을지 난감할 뿐입니다."

제이미는 고개를 떨구고 말았어요. 어른들의 안이한 생각과 무관심 속에 하루하루 병들어가는 아이들. 게다가 어린 시절 자극적인 음식에 길든 입맛은 쉽게 고쳐질 수 없다는 걸 잘 알고 있는 제이미는 하루빨리 아이들에게 신선하고 건강한 음식을 먹게 해 주고 싶었어요. 제이미의 마음은 전보다 백배는 더 조급해졌어요.

급식 담당자와 학부모의 차가운 시선

제이미는 주방에 들어가 급식 담당자들에게 말을 걸었어요. 도대체 아이들에게 이런 음식을 주는 이유가 무엇인지 따지고 싶은 심정이었거든요.

음식 운동가 제이미, 더 나은 세상을 꿈꾸다

"지금 아이들이 먹고 있는 음식들은 어디서 온 건가요?"

"……"

"영양과 칼로리는 따져봤나요?"

"……"

"얼마나 위생적으로 조리되고 있는지 말해 줄 수 있나요?"

"……"

급식 담당자들은 귀찮다는 듯 냉소적인 반응을 보였어요. 심지어 어떤 급식 담당자는 제이미가 보이지 않는 것처럼 그를 투명인간 취급하기도 했죠.

그렇다고 쉽게 물러날 제이미가 아니었어요. 제이미는 급식 담당자들이 음식을 만들고 아이들에게 나누어 주는 모습을 참을성 있게 지켜보며 때를 기다렸어요. 그렇게 지난 시간이 하루 이틀 일주일 그리고 한 달. 드디어 급식 담당자들은 제이미의 의지가 확고하다는 것을 깨닫고 서서히 입을 열기 시작했어요.

"이봐요 제이미. 우리는 한 끼에 고작 36펜스약 626원에 불과한 예산으로 매일 수백 명분의 음식을 만들어야 해요."

"그러니 유기농 채소나 질 좋은 우유를 제공할 수 있겠어요? 한번 생각해봐요."

"게다가 지금 일하고 있는 급식 담당자가 몇 명이나 되는지 한번 보세요. 만약 좋은 밀가루와 우유가 제공된다 해도 매일 아이들을 다 먹일 수 있는 양의 빵을 굽는다는 건 상상조차 할 수 없어요."

제이미 올리버, 즐거운 요리로 세상을 바꿔

"우리라고 왜 아이들의 건강을 생각하지 않겠어요? 우리도 집에 가면 귀여운 아들딸이 있는 부모인데 말이죠. 하지만 지금 우리가 할 수 있는 일은 고작 인스턴트 감자칩과 터키 트위즐러를 튀겨내는 것뿐이라고요."

급식 담당자들의 말을 들은 제이미는 미안한 마음에 가슴이 답답해졌어요. 현실의 벽을 넘기란 생각보다 힘들다는 걸 깨달았죠.

게다가 TV를 통해 《제이미의 스쿨 디너》를 본 부모들의 반응도 제이미를 괴롭게 했어요. 인스턴트 감자칩과 설탕 덩어리인 비스킷, 그리고 탄산음료 등이 아이들 건강에 얼마나 해로운지 그토록 설득해 왔건만 일부 부모들은 대놓고 반감을 드러내기도 했어요.

"이것 보세요, 제이미. 당신이 우리 아이들의 건강을 얼마나 걱정하는지는 모르겠지만, 학교까지 와서 간섭하는 건 너무 심하지 않아요?"

"우리는 아이들의 부모란 말이에요. 그동안 우리가 아이들에게 먹지 못할 음식을 주기라도 했다는 건가요?"

"당신이 쓰레기 취급하는 그런 음식들을 먹고도 아직 우리 아이들은 병원 한 번 간 적 없소. 도대체 당신이 의사라도 된단 말이오?"

그들은 제이미의 잘난 척이 도를 넘어섰다며 노골적으로 불쾌함을 드러냈어요. 학교나 집에서 늘 먹어온 음식이고, 또 당장 나쁜 영향을 주는 것도 아닌데 대체 왜 갑자기 아이들의 식생활에 참견하느냐는 것이었어요.

음식 운동가 제이미, 더 나은 세상을 꿈꾸다

물론, 제이미의 혁신적인 학교급식 캠페인에 박수를 보내며 지지하는 학부모들도 많았지만, 몇몇 냉소적인 학부모들의 반응은 제이미를 기운 빠지게 하곤 했어요.

　하지만 학교급식의 심각성을 안 이상, 제이미는 캠페인을 멈출 수 없었어요. 오히려 캠페인을 하면 할수록 필요성을 절감했죠. 당시 두 딸의 아버지이기도 했던 제이미는 학교급식 개선 캠페인이야말로 자신이 꼭 해야 할 사명이라고 굳게 믿었어요.

아이들의
입맛을 바꿔라

치킨 너깃이 얼마나 불결한 방법으로 만들어지는지 직접 보여 주고 싱싱한 채소와 닭고기로 건강한 음식을 만들어 주었지만, 인스턴트식품에 길든 아이들의 입맛은 쉽게 변하지 않았어요. 제이미는 옥수수 인형을 뒤집어쓰고 춤과 노래를 부르며 아이들이 차츰 음식 재료와 친해질 수 있도록 노력했고, 부모님을 설득했어요. 그리고 드디어 어느 날, 초록색만 봐도 울음을 터뜨리던 아이마저 피망과 가지로 만든 샐러드를 거부감 없이 먹게 되었어요.

치킨 너깃, 그 탄생의 비밀을 보여 주마

어느 날 제이미는 특단의 조치를 하기로 결심했어요. 아이들이 열광하는 치킨 너깃이 과연 어떤 재료로 어떻게 만들어지는지 눈앞에서 똑똑히 보여 주기로 한 거예요. 그러면 아이들이 치킨 너깃을 쳐다보는 것조차 두려워할 거고, 차츰 학교급식 메뉴에서 치킨 너깃과 같은 인스턴트식품이 사라질 거라고 생각했어요.

제이미는 재료와 조리도구를 완벽하게 갖춘 주방으로 아이들을 불러 모았어요. 어리둥절한 표정의 아이들. 제이미는 조곤조곤 치킨 너깃이 만들어지는 과정을 설명했어요. 이 내용 역시 카메라에 고스란히 담기고 있었죠.

제이미는 먼저 닭을 부위별로 해체해서 늘어놨어요.

"얘들아, 지금 너희가 보고 있는 건 닭의 살과 뼈와 껍질, 그리고 내장과 지방 등이야. 이걸 분쇄기에 넣어서 한꺼번에 갈 거야."

아이들은 웩웩 소리를 지르며 고개를 돌렸어요. 닭에서 분리된 빨갛고 하얀 조직을 난생처음 보았으니 속이 메슥거릴 만도 했죠.

"그래, 너희가 좋아하는 치킨 너깃 안에 이런 온갖 불결한 부위들이 몽땅 들어 있는 거야. 모두 갈아서 분홍색 덩어리가 되었지만, 이제 이 안에 뭐가 들었는지 제대로 알겠지?"

제이미는 아이들의 반응을 살피며 닭고기 반죽에 밀가루와 소금, 향신료, 그리고 치킨 너깃을 단단하게 굳혀 줄 경화제를 넣어 반죽

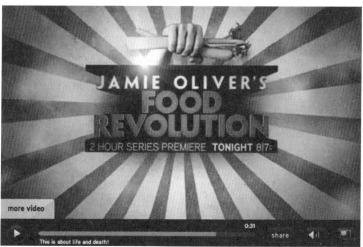

제이미의 학교급식 개선 캠페인 '음식 혁명'의 홍보 포스터와 방송 타이틀

했어요. 마지막으론 치킨 너깃 반죽을 도마 위에 도톰하게 편 후 마트에서 파는 모양대로 찍어내 기름에 튀겼어요.

"자, 이걸 먹겠다고 할 친구가 있을까? 방금 제이미 아저씨가 튀겨낸 치킨 너깃을 먹어 볼 사람?"

"저요! 제가 먹을래요!"

"저도 주세요!"

아이들은 너나 할 것 없이 손을 들었고, 제이미는 기절할 듯이 놀랐어요.

"아니, 치킨 너깃이 어떻게 만들어지는지 눈앞에서 똑똑히 봤으면서 이걸 먹겠다는 거니? 대체 이유가 뭐니?"

"그냥 배고파서요."

"맨날 먹던 거니까요."

"치킨 너깃 냄새가 고소해서요."

아이들의 대답은 천진난만하기만 했어요. 순간 제이미의 얼굴은 얼음처럼 굳어졌고, 커다란 망치로 얻어맞은 듯 멍한 기분이 들었어요. '아이들의 머릿속을 완벽하게 바꾸지 않는 한 학교급식의 현실을 개선하긴 힘들겠어.'

토마토를 모르는 아이, 샐러드를 버리는 아이

제이미는 레스토랑으로 돌아와 고민에 잠겼어요. '몸에 좋은 재

료로 음식을 만들어 보자! 그런데 아이들이 과연 구운 채소나 치킨 카레를 좋아해 줄까?'

제이미는 반신반의하는 마음으로 아이들이 좋아할 만한 요리법을 구상했어요. 그리곤 다음 날, 재료들을 싸들고 학교로 달려가 급식 담당자들과 함께 음식을 만들기로 했어요.

제이미는 커다란 호박을 다듬고 닭을 손질하는 한편 밀가루를 반죽했어요. 그리곤 밀가루 반죽 위에 얇게 썬 오이와 가지를 올린 후 직접 만든 토마토소스를 발랐어요.

'으음 아주 먹음직스러운걸. 이만하면 아이들의 마음을 움직일 수 있을 거야'

드디어 야심 차게 준비한 제이미식 건강 피자가 완성됐어요. 이뿐 아니라 동그란 모양의 파이를 굽고 각종 채소에 상큼한 드레싱을 얹어 샐러드도 준비했어요.

기다리고 기다리던 점심시간, 식당엔 제이미가 만든 음식들과 함께 평소 아이들이 즐겨 먹던 치킨 너깃과 햄버거, 감자칩 등이 진열되었어요. 갑자기 식단이 바뀌어 아이들이 혼란스러워할 것을 대비해 두 가지 음식을 함께 놓은 거예요.

제이미의 심장은 두근두근 뛰기 시작했어요. 과연 아이들은 식판에 어떤 음식을 담을까? 아이들은 생각할 것도 없이 평소에 먹던 감자칩이나 치킨 너깃을 선택했어요. 제이미가 만든 음식을 본 아이들은 인상을 쓰거나 깜짝 놀라기도 하고, 심지어 어떤 아이는 울음

음식 운동가 제이미, 더 나은 세상을 꿈꾸다

을 터뜨리기도 했어요.

고맙게도 한 아이가 치킨 너깃 대신 제이미의 건강 피자와 샐러드를 식판에 담았지만, 맛을 본 즉시 쓰레기통에 버리곤 큰소리로 투덜거렸어요.

"도대체 이런 음식을 왜 우리에게 먹으라는 거야? 난 감자칩 하고 햄버거가 좋단 말이야!"

"선생님, 제발 그렇게 이상하게 생긴 음식 좀 치워주세요. 속이 울렁거려서 참을 수가 없어요."

인스턴트식품의 자극적인 맛에 익숙해진 나머지, 아이들이 신선하고 건강한 '진짜' 음식의 맛을 느끼지 못한 거예요. 제이미는 좌절했죠. 그리고 아이들의 입맛을 바꾸는 것이 시급하다고 다시 한 번 깨달았어요.

옥수수 인형이 된 제이미

제이미는 아이들에게 음식재료와 친해질 기회를 만들어 주기로 했어요. 아이들이 제이미가 만든 음식을 싫어하는 건 근본적으로 재료에 대한 거부감 때문이라고 생각했거든요. 제이미는 호박이나 당근, 양파, 시금치 등 아이들이 평소 접하지 않았던 채소들을 사진으로 보여주며 이러한 채소들이 얼마나 몸에 좋은지 설명했어요.

그리고 아이들을 요리에 참여시키기도 했어요. 앞치마를 두르고 요리사 모자를 쓴 아이들은 색색의 피망과 닭고기, 토마토를 꼬치에 끼워 굽거나 손을 걷어붙이고 밀가루 반죽을 하기도 했어요. 또 옥수수 옷을 입고 등장해 아이들과 함께 노래를 부르기도 했어요. 제목은 '새로운 음식에 도전해 보자Try Something New'였어요.

"친구들, 여기를 좀 봐요! 아저씨가 재미있는 노래를 불러줄 건데 한번 같이 따라 해 봐요."

새로운 음식에 도전해 봐

음식은 사람들을 미소 짓게 해
수많은 색깔과 모양을 가진 음식들
몸에 좋은 음식들을 먹어 봐
지금 당장 눈을 크게 뜨고 새로운 음식에 도전해 봐!

달콤한 걸 먹는 건 너무나 쉽지
탄산음료와 기름진 음식,
그러나 넌 달라질 수 있고 여기에 힌트가 있어
지금 당장 눈을 크게 뜨고 새로운 음식에 도전해 봐!

노래와 율동을 곁들여 흥겨운 분위기를 만들어주자 아이들은 금세 신이 났어요. 긴장이 풀린 아이들은 차츰 호박과 샐러드, 당근

음식 운동가 제이미, 더 나은 세상을 꿈꾸다

등을 만지거나 냄새 맡고 먹어 보기도 했어요. 그리고 드디어 어느 날, 아이들은 제이미가 직접 구운 닭다리와 생채소 샐러드, 심지어 콩 요리까지도 식판에 담기 시작했어요. 누가 채소 샐러드를 더 잘 먹을 수 있는지 경쟁을 벌이는 아이들도 생겨났어요.

그제야 안도의 한숨을 내쉰 제이미는 다시 한 번 아이들을 모아 놓고 치킨 너깃 만드는 과정을 보여 줬어요.

"애들아, 이렇게 만든 치킨 너깃을 먹을래? 아니면 신선한 닭다리에 소금과 허브를 넣고 구운 치킨을 먹을래?"

"웩, 치킨 너깃은 몸에 좋지 않아요!"

"닭다리 구이를 먹을래요!"

놀랍게도 정말, 아이들이 달라지기 시작했어요.

학교를 넘어 가정으로 가다

제이미는 아이들의 집을 방문해 부모를 만나기도 했어요. 학교에서뿐 아니라 가정에서도 아이들이 음식 재료를 접할 기회를 만들어 준다면 더욱 빨리 식생활 개선이 이루어질 수 있기 때문이었어요.

"평소에 아이들에게 어떤 음식을 해 주나요? 요리를 같이 하기도 하나요?"

"아이들 건강을 위해 좋은 음식을 해 줘야 하는 건 알지만, 맞벌이하다 보니 요리할 시간이 없어요. 현실적으로 슈퍼마켓에서 파는 인스턴트식품을 피하기가 어려워요."

　제이미는 부모들의 대답에 실망했지만, 그래도 아이들의 건강을 포기할 순 없었어요. 제이미는 지역의 학부모들과 아이들을 한 자리에 불러 모아 놓고 평소 식습관에 대해서 진지하게 토론했어요.

　"여러분, 햄버거는 아이들을 살찌게 하고, 초콜릿은 치아를 상하게 하죠. 그런데 과연 이런 음식의 나쁜 점이 그것뿐일까요?"

　사람들은 서로의 얼굴을 바라보며 고개를 갸웃거렸어요.

　"이런 음식이 아이들의 성격도 변화시킨다는 걸 알아야 해요."

　"그럼 대체 아이들이 어떻게 된단 말이에요?"

　"인스턴트식품은 아이들의 집중력을 떨어뜨리고 폭력적으로 만들어요. 그 안에 들어있는 화학 성분들이 성격도 변화시키거든요."

　주민들의 표정은 심각하게 변했어요. 제이미는 이때를 놓치지 않았어요.

　"여러분, 그러나 조금만 시간을 내면 집에서도 얼마든지 건강한 음식을 먹을 수 있어요. 제가 오늘 몇 가지 요리법을 알려 줄 테니 잘 기억해 두세요."

　잘난 척한다며 제이미를 비난하던 어른들의 마음속엔 차츰 뜨거운 감동이 번져갔어요. 제이미의 진심이 통하기 시작한 거예요.

제이미를 지지하는 사람들이 점차 늘어나면서 다큐멘터리 《제이미의 스쿨 디너》는 그야말로 폭발적인 인기를 얻었어요. 7개월 동안 방영된 《제이미의 스쿨 디너》의 후속편으로 2006년 9월, 《다시 돌아온 제이미의 스쿨 디너Jamie's Return To School Dinners》가 나올 정도였어요.

제이미는 시리즈 2를 전편보다 더욱 재미있게 만들기 위해 노력했어요. 대표적인 예를 하나 들어 볼게요. 아침 등교 시간, 제이미는 학교 곳곳을 돌아다니며 아이들에게 가방에 어떤 음식을 싸왔는지 보자고 했어요.

"제이크, 가방 속을 좀 보여 줄 수 있겠니?"

"가방은 왜요?"

아이들은 의심의 눈초리로 제이미를 바라보았지만, 곧 순순히 가방을 열어 주었어요. 그리고 제이미의 예상대로 가방 안에선 초콜릿과 비스킷, 젤리 등이 쏟아져 나왔어요.

"에밀리, 네가 가진 초콜릿과 이 티켓을 바꾸지 않을래?"

"케이트, 그 말랑거리는 젤리보다 이 티켓으로 더 맛있는 음식을 먹을 수 있을 텐데, 점심시간에 아저씨 바에 한번 와보지 않으련?"

'대체 초콜릿보다 더 맛있는 게 뭐란 말이야?'

아이들은 호기심이 발동했어요. 점심시간이 되자 제이미는 작은 트럭에 미니바를 열고 아이들을 기다렸어요. 김이 모락모락 올라오는 치킨 카레와 상큼한 게살 샐러드, 가지와 호박을 듬뿍 넣은 피자 등이 풍성하게 준비되었어요.

이미 노래와 춤 등으로 음식 재료에 대한 거부감을 어느 정도 걷어낸 덕분에 아이들은 흥미를 갖기 시작했고, 초콜릿이나 젤리와 바꾼 티켓으로 제이미가 손수 만든 음식을 맛있게 먹었어요. 심지어 초록색 잎만 봐도 헛구역질을 하며 얼굴을 찌푸리던 아이들조차 언제 그랬냐는 듯 접시를 싹싹 비워낼 정도였어요.

아이들에게서 초콜릿과 젤리를 뺏는 대신 몸에 좋은 음식을 주는 제이미 바. 싫어하는 음식을 무조건 강요하는 것이 아니라 놀이로 연결한 제이미의 아이디어가 드디어 빛을 발하는 순간이었어요.

음식 운동가 제이미, 더 나은 세상을 꿈꾸다

학교급식 개선운동,
빛을 발하다

제이미는 정부 기관들이 모여 있는 거리에서 "나에게 좀 더 좋은 음식을 먹여줘Feed Me Better!" 라고 외치며 사람들의 관심을 불러 모았어요. 제이미의 생각에 동의하는 사람들이 27만 명을 넘어섰고, 그들의 간절한 바람은 토니 블레어 정부의 마음을 움직였어요. 그리고 드디어 정부로부터 무려 5천억 원에 가까운 거액을 지원받아 학교급식의 질을 획기적으로 바꿀 수 있었어요. 아이들은 이제 햄버거나 감자칩 대신에 신선한 연어 샐러드와 과일을 먹을 수 있게 되었어요.

이제 제이미에게 남은 과제는 정부의 지원을 얻어내는 것이었어요. 아무리 아이들과 학부모들의 의식이 개선된다 하더라도 금전적으로 지원이 이루어지지 않으면 아이들에게 좋은 음식을 제공할 수 없기 때문이었어요.

제이미는 학교급식 개선 캠페인의 구호를 '나에게 좀 더 좋은 음식을 먹여 줘Feed Me Better!'라고 정하고 인터넷을 통해 뜻을 같이하는 사람들을 모았어요. 그리고 2005년 3월 30일, 런던의 다우닝 스트리트 10번지에서 시민들로부터 학교급식 개선을 요구하는 청원서에 사인을 받았어요.

왜 하필 다우닝 스트리트 10번지냐고요? 이곳엔 총리관저와 정부기관들이 모여 있기 때문이었어요. 우리나라로 치면 청와대가 자리한 곳쯤 되죠. 학교급식의 문제점을 정부에 알리는 것은 물론 지원을 얻어내기 위해선 총리관저 앞만큼 좋은 장소는 없었어요.

더구나 캠페인의 내용이 고스란히 TV로 방송될 테니 제이미와 시민들이 모여서 "나에게 좀 더 좋은 음식을 먹여 줘!"라고 외치는 걸 토니 블레어 총리가 본다면 한 번쯤 귀를 쫑긋 세울 거라고 생각했어요.

제이미의 계획은 성공적으로 진행되었고, 무려 27만 1677명의 시민이 청원서에 사인을 해 주었어요. 용기를 얻은 제이미는 기쁨을 감추지 못했죠.

날이 갈수록 학교급식에 대한 국민적 관심이 증폭되었고 기존 급식제도에 대한 불만도 커졌어요. 별생각 없이 감자칩과 콜라를 찾던 아이들조차 제이미를 지지하며 "나에게 좀 더 좋은 음식을 먹여 줘!"를 외칠 정도였어요.

정부는 어떤 반응을 보였을까요? 과연 제이미와 27만 1677명의 소망이 영국 정부의 마음을 움직였을까요? 네, 맞아요! 토니 블레어 총리는 일명 '음식 혁명Food Revolution'이라고 불리는 제이미의 학교급식 개선 캠페인을 모른 척할 수 없었어요.

토니 블레어 정부,
2억 8천만 파운드를 지원하다

마침내 토니 블레어 정부는 학교급식에 3년 동안 2억 8천만 파운드약 4870억 원를 지원하기로 약속했어요! 이렇게 확보된 돈은 곧장 학교들과 지방자치단체들에 보내졌고, 아이들은 기존의 정크 푸드 대신 치킨 카레나 연어 샐러드, 명태구이, 동양식 국수 볶음 등 다양한 종류의 음식을 먹을 수 있게 되었어요. 갓 구운 빵이나 샐러드는 기본이고, 후식으로 요구르트나 케이크가 나오기도 했어요.

또 한 가지, 획기적인 변화는 전엔 꿈도 꾸지 못했던 과일이 제공되었다는 점이에요. 매일 아침마다 바나나와 사과, 귤 등 신선한 과일이 학교로 배달되었고 토마토와 당근조차 구별하지 못했던 아이들은 차츰 과일과 채소를 거부감 없이 먹게 되었어요.

제이미가 학교급식 개선운동을 통해 지원받은 금액은 우리 돈으로 약 5천억 원. 어마어마한 금액이긴 하지만 사실 혜택을 받은 아이들은 소수에 불과했어요. 하지만 사람들은 제이미의 도전과 노력이 없었다면 아예 꿈조차 꿀 수 없었고, 아이들의 잘못된 식생활도 개선할 수 없었다고 생각했어요.

'제이미는 여느 요리사들과는 달라. 사회의 약자를 위해 잘못된 부분을 고쳐나가려고 애쓰는 제이미는 우리에게 많은 교훈을 주고 있어.'

사람들은 이제 제이미를 그의 별명인 '아주 솔직한 요리사Naked Chef'가 아닌 사회 운동가campaigner라고 부르기 시작했어요.

결론적으로, 제이미의 학교급식 캠페인은 사람들에게 학교급식에 대한 새로운 문제를 던져 주었고, 의지만 있다면 아무리 뿌리 깊은 제도도 해결할 수 있다는 걸 몸소 보여준 셈이었죠.

제이미의 희로애락이 고스란히 담긴 다큐멘터리《제이미의 스쿨디너》는 학교 급식의 시스템을 혁신적으로 바꿔놓았다는 공로를 인정받아 NTANational Television Awards. 국제 TV 시상식로 부터 다큐멘터리 부문을 수상했고, 제이미는 특별상을 받았어요.

음식 운동가 제이미, 더 나은 세상을 꿈꾸다

비만의 나라
미국의 식단을 개선하다

제이미는 세계적으로 비만도가 가장 심각한 미국의 한 마을을 찾아가 그
들의 비만 문제가 얼마나 심각한지 설명했어요. 한 강연회에선 결국 당신
들이 먹고 마시는 음식이 생명을 단축하고 자손까지 불행으로 이끌 것이
라고 경고하기도 했죠. 사람들은 제이미의 단호한 일침에 정신을 차리기
시작했고, 비만 문제에 관심이 많았던 미국의 퍼스트 레이디 미셸 오바마
도 제이미를 지지하기 시작했어요.

학교급식 개선 운동을 펼치며 식생활 문제의 심각성을 절감한 제이미는 이것이 비단 영국만의 문제가 아니라고 생각했어요. 그래서 시선을 전 세계로 돌리기 시작했죠.

'지금 세계에서 가장 건강하지 못한 나라는 어디일까?'

햄버거와 피자, 감자칩 등을 매일 입에 달고 사는 냉동식품의 나라, 미국이었어요. 제이미는 미국으로 건너가 지금 얼마나 위험한 도박을 하고 있는지 알려주기로 했어요.

그가 마음속으로 정한 곳은 미국 중에서도 비만 문제가 가장 심각한 곳, 웨스트 버지니아West Virginia 주의 헌팅턴 애슐랜드Huntingdon-Ashland란 곳이었어요.

미국의 질병 및 오염 관리 본부Centre for Disease Control and Pollution에 따르면 헌팅턴 인구의 거의 절반이 공식적으로 비만이고 미국 내에서도 이 지역에서 특히 심장병과 당뇨병의 발병 비율이 높은 것으로 나타났어요. 심지어 미국의 대표적인 일간지 〈뉴욕 타임즈New York Times〉에선 고작 여덟 살밖에 안 된 어린이가 당뇨병으로 괴로워하고 있는 모습이 기사화되기도 했어요. 그 소녀는 정상 몸무게보다 무려 36kg이나 더 나가는 초고도 비만아였어요. 제이미는 일찌감치 이러한 부분에 주목해서 헌팅턴을 점 찍어놓고 있었어요.

헌팅턴으로 건너간 제이미는 이곳 사람들에게 건강한 식단이 왜 필요한지 설득하기 시작했어요.

"여러분은 지금 매우 위험한 하루하루를 보내고 있어요. 여러분이 먹고 있는 음식이 독이 될 수도 있다는 것을 명심해야 합니다."

제이미는 영국에서 했던 학교급식 개선 캠페인과 마찬가지로 그들의 삶에 직접 뛰어들어 현재 먹고 있는 식단의 심각성을 날카롭게 지적했어요.

생각보다 높은 현실의 벽

미국에서 펼친 제이미의 식단개선 운동 역시 다큐멘터리 프로그램으로 제작되어 전파를 탔어요. 제목은《제이미의 미국 음식 혁명 Jamie's American Food Revolution》이었어요. 이 프로그램이 전하고자 하는 메시지는 본질적으로《제이미의 스쿨 디너》와 일맥상통하는 것이었어요.

제이미는 영국에서와 마찬가지로 이 지역의 초등학교를 방문해 급식의 실태를 파악했어요. 주방에 들어가 급식 담당자와 이야기를 나누고 아이들이 평소에 먹는 음식을 배식하기도 했어요.

그리고 아이들이 당근이나 양파, 피망 등을 거부감 없이 받아들일 수 있도록 완두콩 모양의 탈을 뒤집어쓰고 나타나 노래를 부르기도 했어요. 그러나 예상대로, 이 모든 과정이 순탄하지 않았어요.

"도대체 왜 저 영국 친구는 우리나라에까지 와서 참견하는 거지?"

"아니 지금까지 줄곧 이런 식으로 급식을 해 왔고, 아무 문제가 없었는데, 왜 이렇게 유난을 떠는지 모르겠군."

급식 담당자들은 몹시 냉소적이었어요. 게다가 미국 사람도 아닌 영국인이 이래라저래라 하는 건 불필요한 참견이라며 고개를 돌렸어요.

"영국 신사가 왜 이 가난한 동네까지 와서 선생님 같은 소리를 늘어놓는 거야?"

"어디 한번 실컷 해보라고 해. 우리가 꼼짝이나 할 것 같아?"

헌팅턴의 가난한 사람들 역시 제이미를 귀찮게 느낄 뿐이었죠. 좋은 마음으로 시작한 캠페인이었지만 자신의 진심을 알아주지 못하는 그들에게 제이미는 섭섭함을 느꼈어요. 한번은 미국의 한 TV 프로그램에 출연해서 "그들은 나에게 전혀 관심을 갖지 않아요. 심지어 내가 왜 여기에 있는지조차 알지 못하는 것 같아요."라며 흐느낄 정도였어요.

제이미의 의미심장한 다큐멘터리 쇼

그러나 여기서 기가 죽을 제이미가 아니었어요. '그래 저들이 이렇게 나오는 건 아직 비만의 심각성을 제대로 알지 못해서야. 그건 어쩌면 저들의 잘못이 아닐 수도 있어. 왜냐하면, 이제껏 그걸 말해주는 사람이 아무도 없었을 테니까.'

음식 운동가 제이미, 더 나은 세상을 꿈꾸다

이후 제이미는 미국의 비만 문제를 보다 진지하게 연구했고, 비만으로 고생하는 미국인들을 직접 만나 인터뷰를 하기도 했어요. 제이미가 미국에서 어떤 활동을 했으며 어떤 메시지를 전하고자 했는지는 2009년 12월 TEDTechnology Entertainment Design. 기술 · 오락 · 디자인 등 각종 분야에 걸쳐 강연회를 개최하는 미국의 비영리 재단 강연회에서 제이미가 연설한 내용을 보면 한 번에 알 수 있어요.

자, 그럼 지금부터 제이미가 어떤 말을 하고 무엇을 보여줬는지 소개할 테니 한번 잘 들어보세요.

"여러분 놀라지 마세요. 지금 미국에선 18분에 네 명이 죽음을 맞이하고 있습니다. 이유는 바로 그들이 먹는 음식 때문이에요. 전 지난 7년 동안 미국에서 사람을 살리기 위해 열심히 노력해 왔어요. 의사가 아니라 요리사로서 말이죠. 저는 첨단과학이 선물한 의료 장비가 아닌, 정보와 교육을 이용했어요. 음식이 가진 힘을 그 무엇보다 확고하게 믿기 때문이에요."

제이미는 다소 긴장한 표정으로 다음 말을 이어갔어요. 제이미를 바라보고 있는 청중의 얼굴에도 진지한 빛이 머물렀죠.

"우리는 지금 정말 끔찍한 현실에 처해 있어요. 미국은 세계에서 건강하지 못한 나라 중 하나입니다. 지금 여기에 자녀가 있는 분 손을 들어 보세요."

제이미는 손을 든 사람 중에서 한 중년의 신사를 가리키며 단호하게 말했어요.

"선생님의 자녀는 선생님보다 10년 빨리 죽을 겁니다!"

아니 이런 무례한 발언을 하다니! 장내엔 잠시 기분 나쁜 침묵이 흘렀어요. 그리곤 바로 다음 말을 이어갔죠.

"바로 우리가 그들에게 물려준 음식 환경 때문입니다. 통계적으로 봤을 때 여기 계신 분 중 2/3는 비만이거나 과체중입니다. 아, 저쪽에 앉아계신 분은 괜찮네요. 하지만 곧 그렇게 될 테니 걱정하지 마세요."

얼어붙었던 분위기가 제이미의 재치 있는 유머로 조금 부드러워졌지만, 제이미는 다시 목소리를 가다듬었어요.

"건강 악화에 대한 수치는 정확합니다. 식습관과 관련된 질병은 미국에서 가장 큰 사망원인이에요. 영국이 그 뒤를 따르고 있고, 오스트레일리아와 독일, 인도, 중국도 모두 비만 문제를 안고 있어요. 이건 국제적인 문제이고 대재앙입니다. 우리에겐 확실한 변화, 곧 혁명이 필요해요!"

순간, 사람들의 얼굴에 초조한 빛이 감돌았어요. 제이미는 지체 없이 다음 말을 이어갔어요.

"여기서 끝이 아닙니다. 비만으로 인해 발생하는 미국 의료보험 비용은 전체 질병의 10%로, 연간 1500억 달러_{약 166조 8750억 원}예요. 비만 문제가 이 상태로 간다면 10년 후엔 의료보험비가 두 배로 뛸 겁니다. 그러나 여러분에겐 그걸 감당할 돈이 없죠. 결국, 비만으로 인해 죽을 병에 걸려도 병원비가 없어서 손을 쓰지 못한다는 이야

■■■

Jamie
Oliver
Chef, activist

Jamie Oliver is transforming the way we feed
ourselves, and our children.

TED2010

제이미 올리버는 식단개선 운동의 공로를 인정받아
2010년, 100만 달러의 상금과 함께 TED프라이즈를 받았어요.

기입니다."

사람들의 얼굴엔 침통한 빛이 감돌았고, 이제야 비만이 얼마나 치명적인 질병인지 조금은 깨달은 듯했어요.

6년밖에 더 살지 못해요!

좀 전보다 더욱 심각한 표정으로 돌변한 제이미는 무대에서 잠시 한쪽으로 물러나 영상물 하나를 화면에 띄웠어요. 화면엔 풍선처럼 부푼 몸의 소녀가 나타났어요.

"브리트니의 사진이에요. 열여섯 살이죠. 그러나 앞으로 6년밖에 더 살지 못해요. 왜냐하면, 그녀가 먹은 음식 때문입니다. 그녀는 어머니나 할머니로부터 요리를 배우지 못했거든요. 그동안 먹은 음식 때문에 브리트니의 간이 죽어가고 있어요. 6년밖에 살지 못합니다!"

제이미는 곧 울음이라도 터뜨릴 듯한 목소리로 '6년'을 강조했고, 순간 장내엔 찬물을 끼얹은 듯 차가운 침묵이 흘렀어요. 제이미의 시선은 또다시 영상물을 담은 화면에 고정되었어요.

"또 다른 경우를 볼까요? 에드워드 가에 살고 있는 스테이시 가족을 보세요. 이들도 요리를 배우지 못했어요. 가족 모두 비만이죠. 열두 살짜리는 무려 160kg이에요. 뚱뚱하다고 놀림을 받죠. 딸 케이티는 네 살인데 그 아이도 비만이에요."

음식 운동가 제이미, 더 나은 세상을 꿈꾸다

제이미는 이어서 또 하나의 영상을 더 보여주었어요. 화면 속엔 제이미가 등장해 식탁 위에 산처럼 쌓인 피자와 치킨, 과자, 초콜릿 등을 가리키며 스테이시에게 말을 걸었어요. 이 엄청난 음식은 스테이시 가족이 일주일 동안 먹어치우는 양이었어요.

"이게 아이들을 일찍 죽게 할 거라는 걸 아셔야 해요. 어떤 기분이 들어요?"

제이미의 질문에 스테이시는 고개도 들지 못했어요.

"너무 슬퍼요. 제가 아이들을 죽이고 있었어요."

제이미는 "하지만 이제 멈출 수 있어요."라며 그녀를 위로했어요.

제이미는 다시 원래 화면으로 옮겨와 마이티라는 젊고 날씬한 아가씨를 소개했어요.

"마이티는 비만이 아니에요. 지극히 정상이죠. 그러나 그녀의 아버지는 비만으로 죽었고, 삼촌도 비만으로 죽었어요. 양아버지도 비만이니 곧 그런 운명을 맞이할 거예요. 그녀를 보면 알 수 있듯이 비만은 본인만 불행하게 만드는 게 아니에요. 부모, 형제, 자매 모두를 불행하게 만들죠."

제이미는 이어 미국 학교급식의 심각성을 신랄하게 폭로했고, 아이들이 먹고 있는 음식 대부분이 인스턴트식품일 수밖에 없는 학교급식의 현실도 꼬집었어요.

비용을 줄이기 위해 싼 재료만 쓰다 보니 어쩔 수 없다는 걸요. 그리곤 잠시 무대 뒤로 사라지더니 손수레를 끌고 청중 앞에 나타났어요.

"아이들 대부분이 하루에 우유 두 병을 마시죠. 그러나 그 우유조차 건강하지 않아요. 온갖 향미료와 색소 때문이에요. 설탕이 들어가지 않은 게 없어요. 자 보세요. 이게 바로 초등학교 5학년생이 1년 동안 먹는 설탕이에요."

제이미는 손수레를 기울였어요. 그러자 하얀색의 각설탕들이 우르르 쏟아져 바닥에 작은 산을 만들었어요. 청중은 경악을 금치 못했어요. 설마 우리 아이가 먹는 설탕의 양이 저 정도일 거라곤 상상도 하지 못했을 테니까요.

강연은 이제 마지막을 향해 달려가고 있었어요. 제이미는 명쾌하게 결론을 내렸어요.

"이제 정부와 패스트푸드 산업, 또는 슈퍼마켓 관계자들이 나서서 이러한 현실을 변화시켜야 해요. 우리의 입맛을 돌려놔야 하고, 가정에서도 요리를 다시 해야 합니다. 요리법을 다음 세대에게 가르쳐야 건강한 음식을 자손에게도 먹일 수 있어요."

청중의 마음이 움직이고 있는 걸 눈치챈 제이미는 더욱더 강한 눈빛으로 마지막 멘트에 힘을 주었어요.

"학교도 노력해야죠. 졸업할 때까지 학생들에게 최소 열 가지의 요리를 가르치는 겁니다. 지역과 정부가 나서서 무료로 요리강좌를 하는 것도 좋은 방법이에요."

강연회장 여기저기에서 탄성과 박수가 터져 나왔고 청중은 너나 없이 고개를 끄덕였어요.

미셸 오바마도 나선 미국 비만 문제의 심각성

제이미가 미국에서 펼친 식단개선 운동은 성공적이었어요. 미국 사람들은 영국에서 건너온 이 수다쟁이 요리사의 말에 귀 기울이기 시작했고, 건강을 넘어 생명을 지키기 위해서라도 반드시 식단을 개선해야 한다고 생각했어요.

특히 부모들의 경우, 냉동식품 대신 신선한 닭과 채소 등을 사 직접 요리를 하기 시작했고, 학교에서 아이들이 무엇을 먹는지도 주의 깊게 살펴보기 시작했어요.

오바마 정부도 주의를 기울였어요. 특히 미국의 퍼스트레이디인 미셸 오바마 여사가 어린이들의 비만 문제를 해결하기 위해 적극적으로 나섰어요.

"비만을 심각한 문제로 인식하고 예방하는 것은 저에게 하나의 정치적 이슈입니다. 이것은 반드시 해결해야 할 과제예요. 저는 어린아이부터 어른까지 전 세대에 걸쳐서 음식과 건강의 중요성을 알려 기존의 잘못된 식생활을 바꾸기로 했습니다."

미셸 오바마 여사는 앞으로 전개할 운동을 '렛츠 무브Let's Move'라고 부르며 먼저 어린이 비만 문제를 해결하기 위해 발 벗고 나섰어요. 제이미가 연설을 통해 말했듯이 미셸 오바마 여사 역시 비만은 곧 질병이라고 규정했어요.

이렇듯 제이미의 식단개선 운동은 오바마 정부의 정치철학과도 맞아떨어져 곧 학교와 지역공동체의 영양적 기준을 개선하는 발판을 마련할 수 있었어요.

이제 영국을 넘어 미국에서도 영향력을 행사하게 된 제이미는 미국 최고의 토크쇼 《오프라 윈프리 쇼》에 출연해 사람들의 동참을 적극적으로 유도했어요.

터키 트위즐러를 학교급식 메뉴에서 몰아내다

제이미의 식단개선 운동은 식품산업계에도 커다란 파문을 일으켰어요. 치킨 너깃이나 햄버거 고기 등의 냉동식품이 어떻게 만들어지고 또 몸에 왜 안 좋은지 낱낱이 폭로하는 제이미의 발언에 시민들이 동요하기 시작했기 때문이에요.

식품회사 관계자들은 긴장하기 시작했어요. 특히 제이미는 터키 트위즐러turkey twizzler를 인간이 먹어서는 안 되는 최악의 음식이라고 악평을 했어요.

터키 트위즐러가 뭐냐고요? 즉 칠면조 고기를 갈아서 나사처럼 꼬불꼬불한 모양으로 튀겨낸 음식이에요.

제이미가 터키 트위즐러를 왜 그렇게 미워했느냐고요? 바로 터키 트위즐러에 들어가는 재료 때문이었어요. 질 좋은 고기를 위생적으로 손질해 깨끗한 기름에 튀겨냈다면 제이미라고 왜 그렇게 혹평을 했겠어요. 그러나 현실은 전혀 그렇지 않았거든요.

제이미는 학교급식으로 나오는 터키 트위즐러에 칠면조 고기는 고작 34%만 포함되어 있을 뿐이며, 나머지는 지방과 물, 밀가루를 비롯해 각종 색소와 감미료, 경화제 등이라는 점을 밝혀냈어요. 그리고 터키 트위즐러의 맛과 향, 식감을 좌우하는 화학 성분들이 특히 성장기에 있는 아이들의 신체 건강은 물론, 폭력성을 유발하는 등 정신건강에도 좋지 못한 영향을 끼친다고 폭로했어요.

깜짝 놀란 터키 트위즐러 생산업체들은 반론을 제기했어요. 그중 한 회사의 담당자는 BBC의 《뉴스라운드Newsround》란 프로그램에 나와 공식적으로 이렇게 말하기도 했어요.

"터키 트위즐러는 균형 잡힌 식품입니다. 특히 지방은 평균적인 소시지보다 낮은 수준이에요. 그렇다면 제이미는 소시지를 학교급식 메뉴에서 없애야 한다고 말하는 것인가요?"

그러나 여론은 이미 파도처럼 일어나 돌이킬 수 없었어요. 아무리 지방 함량을 낮췄다고는 하나 감미료나 색소까지 빼고 기존과 같은 맛의 터키 트위즐러를 만들 수는 없으니까요. 사람들은 이제 더는 터키 트위즐러를 먹으려 하지 않았어요.

결국, 터키 트위즐러를 학교급식 메뉴로 공급하던 업체 두 곳, 스콜라레스트Scolarest와 소덱스호Sodexho가 더는 터키 트위즐러를 생산하지 않기로 했어요.

이것은 제이미는 물론 아이들과 학부모, 그리고 터키 트위즐러를 아무 의심 없이 먹어 온 시민 모두에게 정의는 반드시 승리한다는 자신감을 안겨 주었답니다.

음식 운동가 제이미, 더 나은 세상을 꿈꾸다

슬로우 푸드의
중요성을 알리다

우리가 먹는 닭과 달걀은 어떻게 길러져서 식탁에 오르는 걸까? 제이미는
마치 공장에서 상품을 찍어내듯 어둡고 비좁은 공간에서 비참하게 자라는
닭의 사육과정을 공개적으로 폭로했고, 사람들은 충격에 휩싸였어요. 충
분한 시간과 노력을 들여 정성껏 기른 음식재료야말로 인간에게 유익하다
는 것, 바로 슬로우 푸드slow food의 가치를 알려주고 싶었던 거예요.

제이미는 학교 급식 개선 운동을 하며 음식재료에 대한 근원적인 고민에 빠졌어요. 아이들에게 치킨 너깃 대신 닭다리 구이를 먹이고 소시지 대신 바비큐를 먹이는 것까진 할 수 있지만, 그것의 재료가 되는 닭과 돼지고기의 품질까지 보증할 순 없기 때문이었어요.

제이미는 우리가 슈퍼마켓에서 사는 닭과 돼지고기가 어떤 환경에서 무엇을 먹으며 자라 식탁에 오르는지 그 과정에 의문을 갖기 시작했어요. 왜냐하면, 영국의 슈퍼마켓에서 판매되는 닭 한 마리의 가격은 고작 4~5파운드약 7천~9천 원, 이 돈으로는 도저히 정상적인 사육환경을 제공했다고 할 수 없기 때문이었어요.

제이미는 가금류닭이나 오리, 꿩 등 집에서 키우는 조류 사육 산업에 본격적으로 관심을 두기 시작했죠. 우선, 병아리가 닭이 되기까지의 과정을 눈으로 확인하기 위해 농장으로 달려갔어요. 그리고 농장의 문을 열자마자 제이미는 곧 실로 비참한 현실에 가슴이 먹먹했어요. 작은 병아리들이 마치 강제 수용소에 갇힌 죄수들처럼 경련이 일어날 정도로 비좁은 헛간 속에서 빛 한번 보지 못한 채 겨우겨우 생명을 이어가고 있었기 때문이었어요.

제이미는 그의 동료 요리사인 휴 피어닐리 휘팅스톨Hugh Fearnley-Whittingstall, 영국의 유명 요리사이자 동물보호 운동가과 함께 농장에서 사육되는 닭의 현실을 대중에게 알리자고 의기투합했어요.

그들은 소비자에겐 인간적이고 책임감 있게 키운 닭을 사라고 독려하고, 슈퍼마켓 관계자에겐 RSPCAThe Royal Society for the Prevention of Cruelty to Animals, 영국 최대의 동물보호재단의 프리덤 푸드Freedom Foods, 인간적이고 윤리적으로 키운 상품에 인증 마크를 달아주는 기관가 정한 기준을 지켜 생산한 닭을 판매하라고 요구하기로 마음먹었어요.

제이미의 충격적인 가금류 디너쇼

제이미는 이를 알리기 위한 가장 좋은 방법으로 방송을 선택했어요. 프로그램의 제목은《제이미의 가금류 디너Jamie's Fowl Dinners》. 식품 생산 업체나 슈퍼마켓 관계자, 언론인 등을 디너쇼에 초대해서 가금류의 현실을 폭로하고, 모든 내용을 카메라에 담아 방영하기로 한 거예요. 말쑥하게 차려입은 신사 숙녀들이 디너쇼에 모인 가운데, 제이미는 사뭇 진지한 표정으로 다음과 같이 말문을 열었어요.

"현재 닭과 달걀은 영국 사람들이 가장 좋아하는 대중적인 음식으로 각광받고 있습니다. 도심은 물론 시골 마을 어디서라도 마음만 먹으면 얼마든지 닭과 달걀을 구할 수 있죠. 그런데 여기서 중요한 사실은 여러분의 식탁에 오르는 닭과 달걀이 공장에서 만들어진 제품이라는 점입니다."

제이미가 또 얼마나 심각한 이야기를 하려는 걸까, 사람들의 눈빛이 조금씩 흔들리기 시작했어요.

"오늘 저는 디너 쇼를 통해 값싼 닭과 달걀이 어떠한 사육과 도축 과정을 거쳐 우리 입으로 들어가는지 보여드릴 거예요. 여러분이 이 값싼 고기가 어디서 왔는지 알게 된다면, 다음에 쇼핑할 때는 좀 더 나은 선택을 할 거라고 믿어요."

프로그램이 시작되자 제이미는 우선 1초에 27마리 닭이 도살되는 장면을 미리 준비한 영상물을 통해 보여주었어요.

"이렇게 생산된 닭은 개밥보다 더 쌉니다. 이것은 인간이 해서는 안 되는 범죄이며 곧 인간 스스로에 대한 모욕이에요."

제이미는 울분을 터뜨렸어요. 그리고 다음은 더욱 참혹한 장면이 펼쳐졌어요. 먼저 제이미는 디너쇼에 초대받은 손님들에게 수컷 병아리들을 나눠줬어요. 부드러운 털의 노란색 병아리를 보며 그들은 해맑게 웃어 보였죠. 그러나 제이미는 이렇게 귀엽고 연약한 병아리들의 운명에 대해 알고 있느냐며 한 달걀 생산회사 직원에게 마이크를 넘겼어요. 곧 무시무시한 말이 이어졌죠.

"세계적으로 알을 낳지 못하는 수컷 병아리의 99.9%는 도살당합니다. 저희 같은 경우는 가스중독 기계에 넣어 쉽고 빠르게 죽이죠. 죽은 병아리는 동물원 맹수들의 먹이가 되곤 합니다."

제이미는 곧 무대에 마련된 가스실에 수컷 병아리들을 넣도록 지시했어요. 작고 노란 병아리들은 겁에 질린 채 이리저리 돌아다니다가 불과 10초도 넘기지 못하고 하나둘 쓰러져 죽음을 맞이했어요. 제이미는 숨이 멎을 만큼 놀라는 관객들 앞에서 죽은 수컷 병아리들을 배고픈 뱀에서 먹이로 주었어요.

디너쇼에 초대받은 사람들은 난데없는 이 광경에 소리를 지르거나 아예 눈을 감아 버렸어요. 그들 중엔 제이미가 보여준 방식 그대로 닭과 달걀을 생산하는 식품업계 관계자가 대다수를 차지했어요. 그들은 눈살을 찌푸리며 불쾌한 표정을 지었지만, 닭의 사육과 도축에 관한 불편한 진실에 양심의 가책을 느꼈어요. 제이미가 원하는 것이 바로 이것이었어요.

2008년, TV 화면에 비친 《제이미의 가금류 디너》는 곧 인간의 이기심이 만든 지옥이나 다름없었어요. 제이미는 다소 격앙된 목소리로 말을 이어갔어요.

"현재 닭은 영국에서 온 국민이 사랑하는 식품으로 사랑받고 있어요. 매년 8억 2500만 마리를 생산하고 1초당 27마리를 소비하죠. 달걀은 하루에 2900만 개를 소비하고, 1년이면 100억 개에 달해요. 이렇게 우리가 어마어마하게 먹어대는 닭과 달걀의 생산과정에 결코 간과할 수 없는 비인간적인 문제가 있다는 것입니다!"

순간 찬물을 끼얹은 듯 냉랭한 침묵이 흘렀어요. 낮은 한숨과 함께 훌쩍이며 눈물을 찍어내는 사람들. 식탁 위엔 근사한 닭요리들이 차려져 있었지만, 그 누구도 손을 대지 못했어요.

제이미는 이후에도 동물복지 운동을 꾸준히 지속했어요. 비정상적인 과정을 거쳐 길러진 닭과 달걀은 결코 우리 몸에도 좋지 않다는 걸 깨달은 사람들은 조금씩 변하기 시작했어요.

그렇다면 과연 인간적이고 윤리적인 사육과정은 무엇일까? 제이미는 사람들에게 모범이 될 만한 예를 보여주고 싶었고, 방목에서 답을 찾았어요. 방목이 뭐냐고요? 닭이나 돼지, 소 등을 우리에 가두어 키우는 게 아니라, 자연 속에 자유롭게 풀어놓고 키우는 걸 말해요.

태어나 단 한 번도 비좁은 농장을 떠나본 적 없던 어린 닭들은 이제 굳게 닫힌 문을 박차고 나와 풀밭에서 자유롭게 뛰어다녔어요. 형광등 조명이 아닌 태양 빛을 마음껏 쐬고, 시원한 바람도 맞으며 닭들은 무럭무럭 자랐어요. 당연히 농장 안에 갇혀 살 때보다 훨씬 더 건강해졌고, 병들어 죽는 닭들도 거의 없었어요.

이렇게 자란 닭들도 결국 우리의 식탁에 오르는 건 마찬가지지만, 자연 친화적인 환경에서 질 좋은 모이를 먹고 충분한 시간 동안 자란 닭은 그만큼 좋은 에너지를 품고 있어 인간에게도 좋은 영양분을 줄 수 있었어요.

물론, 시간과 비용이 기존 방식보다 많이 드니 닭과 달걀의 가격이 더 비싼 건 피할 수 없는 일이었죠. 일부에선 이러한 동물복지형 생산방식이 가난한 사람들에게 상대적인 박탈감을 느끼게 하고 위화감을 조성한다는 의견이 쏟아져 나오기도 했어요.

"왜 우리라고 친환경적으로 키운 닭과 달걀이 몸에 좋은지 모르겠어요? 하지만, 매일같이 먹어야 하는 음식재료의 가격이 하루아침에 3배 이상 뛰면 그건 차라리 닭 구이와 에그 프라이를 먹지 말라는 것과 같지 않나요?"

물론 충분히 이해할 수 있고, 예상한 반응이기도 했어요. 그러나 제이미는 앞으로 더 많은 사업자가 동물복지를 지향하는 방식으로 닭과 달걀을 생산한다면 가격이 내려갈 거로 생각했어요. 그렇게 되면 가난한 사람들도 부담 없이 질 좋은 닭과 달걀을 먹을 수 있고, 점차 모든 국민이 건강한 삶을 살 수 있다는 것이죠.

어때요? 단순해 보이지만 제이미의 생각이 참 근사한 것 같지 않나요? 동물복지에 대한 새로운 인식, 그리고 우리 입으로 들어가는 음식재료가 정확히 어떤 과정을 거쳐서 식탁에 오르는지 알게 된 사람들은 이제 제이미가 보여주었던 방목에 적극적으로 참여하기 시작했어요.

손수 농장까지 마련해 일찌감치 방목을 실천해 온 휴 피어닐리 휘팅스톨의 농장엔 견학생과 학부모들로 넘쳐났고, RSPCA의 프리덤 푸드 스탠다드Freedom Food Standard 인간적인 농장에서 안전하게 음식 재료를 생산하기 위한 기준에 따라 길러진 닭의 수도 눈에 띄게 늘어났어요.

사람들은 이제 닭과 달걀을 살 때 이것이 비인간적인 공장에서 상품처럼 찍어낸 것인지, 아니면 신선한 공기를 맡으며 자유롭게 길러진 것인지 꼼꼼히 살펴보았어요.

이렇듯 더욱 많은 사람이 안전하고 위생적이며 영양상으로 균형 잡힌 음식을 먹기 바라는 제이미의 소망은 음식재료의 생산방법에까지 근본적인 변화의 바람을 불러일으켰어요.

지금까지 제이미 올리버가 걸어온 길에 대해 여러분에게 소개했는데, 어떠셨나요?

그래요, 제이미는 요리사로만 불리기엔 너무나 많은 일을 했고, 새로운 일에 도전할 때마다 서로 다른 이름을 갖게 되었어요. TV 진행자이자 베스트셀러 작가이고, CF 모델이자 레스토랑 경영주이며 음식 개선 운동가이자 사회적기업가가 바로 그것이죠. 제이미가 어떻게 그 많은 일을 할 수 있었는지는 이미 다 설명했지만, 다시 한 번 강조하고 싶은 것이 있어요.

그것은 바로 제이미가 요리를 누구보다 사랑해서 더 많은 사람들과 '요리가 주는 기쁨'을 나누고 싶어 했다는 거예요. 결국 제이미가 세계적인 셀러브리티가 될 수 있었던 것도 그처럼 선한 마음 덕분이었는지 몰라요.

그래요, 우리가 제이미에게 배울 가장 중요한 점은 자신이 좋아하고 잘하는 일을 통해 더 넓은 세상과 만나는 방법, 그리고 더 많은 사람과 행복한 삶을 나누는 방법이라고 할 수 있겠네요.

음식 운동가 제이미, 더 나은 세상을 꿈꾸다

요리사 진로 탐구

제이미 올리버처럼
요리사를 꿈꾼다면

요리사의 세계가 궁금해요!

요리사가 되고 싶다면, 먼저 요리사라는 직업의 세계에 대해 아는 게 우선이겠죠?
TV나 잡지에서 봤던 모습과 달리, 사실 요리사의 삶은 매우 힘겹고 고단하답니다.

1. 요리사의 분야는 어떻게 나누어지나요?

요리사는 음식의 종류에 따라 크게 한식 요리사, 양식 요리사, 일식 요리사, 중식 요리사, 제과제빵 요리사로 나눌 수 있습니다.

한식 요리사

한민족이 즐겨 먹어온 전통음식을 기본으로 하며, 궁중음식, 사찰음식 등 각 분야에 따라 전문 요리사로 분류됩니다.

우선, 전통음식은 우리 선조들이 각 지역에서 나는 식재료들을 이용해 만들어온 음식으로, 지역의 기후와 지형, 역사적 배경 등에 따라 서로 다른 차이점이 있어요. 따라서 서울, 경기도, 강원도, 경상도, 전라도 등 지역마다 전문가가 따로 있기도 합니다.

궁중음식은 말 그대로 조선 시대 왕실에서 먹던 음식을 지칭하는 말로, 신선로나 구절판처럼 모양과 색이 아름다운 것은 물론, 맛과 영양도 뛰어난 것이 특징입니다. 이러한 음식을 전문적으로 다룰 수 있는 분들은 현재 요리사라기보다 선생님이나 명인으로 불리는 것이 보통이죠.

사찰음식은 절에서 승려들이 일상적으로 먹는 음식으로, 고기를 일절 사용하지 않고 제철 채소와 곡식, 과일 등으로 만들어 건강에 아주 좋은 음식이 주를 이룹니다. 이 분야에서 알아주는 전문가는 선재 스님이나 홍승 스님처럼 승려가 많습니다.

양식 요리사

크게 프랑스 요리와 이탈리아 요리로 나눌 수 있고, 요리사도 각 분야 전문 요리사로 분류할 수 있습니다. 우리나라엔 피자와 파스타로 대표되는 이탈리아 레스토랑이 양식 레스토랑의 대부분을 차지하고 있고, 프랑스 레스토랑은 손에 꼽을 정도로 매우 드물어 이탈리아 음식 요리사가 훨씬 더 많은 비중을 차지하고 있습니다. 독일, 스페인 등 다른 나라 요리를 전문으로 하는 요리사는 매우 적습니다.

일식 요리사

코스요리가이세키를 다루는 고급 일식당부터 일반 횟집, 생선 초밥 전문점이나 복어요리 전문점까지 주방에서 일하는 분들을 광범위하게 지칭합니다.

중식 요리사

호텔이나 고급 레스토랑, 일반 중식당 등에서 중국 요리를 하는 분들을 가리킵니다.

제과제빵 요리사

제과제빵 요리사 하면 흔히들 '파티시에Patissier'라고 부르는데, 파티시에는 사실 과자를 다루는 요리사를 지칭하는 말입니다. 빵을 다루면 '블랑제Boulangere', 초콜릿을 다루면 '쇼콜라티에Chocolatier', 아이스크림을 다루면 '글라시에Glacier'라고 부르는 것이 정확한 표현이에요. 하지만 양식 레스토랑에서 디저트를 총괄하는 요리사를 파티시에라고 부르는 게 일반적이니, 그 말이 꼭 틀렸다고 할 순 없어요. 다만, 요리사를 꿈꾸는 여러분이라면 그 차이점을 알아두는 게 좋겠죠?

2. 요리사의 직급 체계는 어떻게 되나요?

일반 레스토랑의 경우는 메뉴의 종류와 규모 등에 따라 요리사의 직급 체계가 천차만별이라 뭉뚱그려 설명하기가 어렵습니다. 그러나 호텔은 주방 내 서열이 매우 구체적으로 나뉘며 직급별 업무도 엄격하게 구분되어 있습니다. 경력자로 스카우트되어 입사한 경우가 아니라면, 요리사는 보통 헬퍼helper, 수련생부터 시작해서 서드 쿡3rd cook, 3급 조리사, 세컨 쿡2nd cook, 2급 조리사, 퍼스트 쿡1st cook, 1급 조리사을 거쳐 데미 셰프 드 파티demie chef de partie, 부조리장, 셰프 드 파티chef de partie, 조리장, 수 셰프sous chef, 부주방장, 이그젝티브 수 셰프executive sous chef, 부총주방장, 이그젝티브 셰프executive chef, 총주방장의 순으로 올라가는 게 일반적입니다.

무려 9단계의 과정을 거쳐야 최고의 자리에 오를 수 있다니 정말 대단하죠? 그런 만큼 호텔에서 총주방장은 범접할 수 없는 권위와 실력을 갖고 있습니다. 보통 총주방장 정도면 직급이 이사급의 임원인 것이 기본

제이미 올리버, 즐거운 요리로 세상을 바꿔

이고, 주방 운영은 물론 호텔 경영에도 참여해 자신의 의견을 충분히 반영할 수 있습니다.

3. 처음 요리사가 되면 어떤 일을 하나요?

규모가 큰 양식 레스토랑이나 호텔 양식 레스토랑의 경우, 초보 요리사는 재료를 손질하는 일부터 합니다. 양파 껍질을 까고 당근의 흙을 털어내고, 브로콜리의 잎을 떼내어 흐르는 물에 씻기도 하며 요리에 들어갈 재료를 준비하죠. 이렇게 채소를 능숙하게 다룰 줄 알게 되면 해산물, 고기의 순으로 재료를 손질합니다.

그리고 선배 요리사들도 인정할 만큼 칼질이 손에 익으면 채소를 썬다거나 생선의 비늘을 쳐내고 고기의 심줄을 제거하는 일들을 합니다. 그러니 초보 요리사라도 채소를 다루느냐 고기를 다루느냐, 그리고 칼을 쓰느냐에 따라 엄연히 경륜과 실력의 차이가 난답니다.

참고로, 재료를 손질하는 과정을 프랑스어로 '미장 플라스Mise en Place'라고 하는데요, 만약 선배 요리사가 "안심 스테이크 하게 미장 플라스 해놔."라고 하면, 곁들일 채소를 다듬고 써는 것은 물론, 고기를 부드럽게 손질해 바로 요리할 수 있도록 만반의 준비를 하라는 의미입니다. 미장 플라스를 하며 실력을 쌓는 기간은 보통 6개월에서 3년까지도 걸리는데, 이후엔 드디어 불 앞에 설 수 있습니다. 그렇다고 바로 메인디시main dish. 고기나 생선을 이용한 주요리를 만드는 건 아니고요, 이탈리아식으로 따지면 파스타나 뇨끼 등 그보다 한 단계 아래의 요리를 할 수 있습니다.

그러나 '요리사가 됐다는 건 바로 프라이팬을 잡았다는 것'인 만큼 이 정도 수준이 되었다면 적어도 '초보' 딱지는 뗀 셈입니다.

클래식 음악을 틀어놓고 부드러운 분위기에서 요리하는 셰프도 있지만, 사실 그런 셰프는 극소수에 불과합니다. 대부분의 셰프는 혹독할 정도로 매우 엄격하죠. 작은 실수에도 소리를 벼락같이 지르고 욕을 하는가 하면 접시를 바닥에 던지기도 합니다. 언뜻 보면 히스테리를 부리는 것처럼 느낄 수도 있지만, 셰프가 그러는 데에는 다 이유가 있습니다.

바로 요리사는 칼과 불, 그리고 기름을 다루기 때문입니다. 이 세 가지 요소는 요리사에게 반드시 필요한 것들이지만, 자칫 잘못 사용하면 생명을 위협할 수도 있습니다. 실제로 무거운 솥을 들다가 손을 다치거나, 주방 바닥에 넘어져 뇌졸중으로 사망하는 경우도 있으니, 요리사들은 늘 진지한 자세로 긴장을 늦추지 않습니다.

외국에서 '셰프chef'라는 말은 총주방장, 즉 레스토랑에서 가장 지위가 높은 요리사에게 붙이는 호칭이고, 존경의 의미가 담겨 있습니다. '요리를 하는 사람'이란 뜻의 쿡cook 하고는 차원이 달라요. 이들은 단순히 기술적으로 음식을 만들 줄 아는 기능인이 아닌, 오랜 시간 쌓아온 지식과 경험, 철학을 요리로 승화시킨 '예술가'로 인정받습니다. 실제로 셰프 중엔 음악이나 미술 등 예술분야 명사에게 수여하는 마에스트로maestro. 거장란 칭호를 받는 사람도 있어요.

그 때문에 아무리 자기 돈을 주고 음식을 사 먹는 고객이라도 셰프에 대해 예의를 갖추고, 셰프들 역시 자신이 하는 일에 대단한 자부심을 갖고 있습니다. 유명 셰프의 경우, 1~2년 후까지 레스토랑 예약이 꽉 차는 것은 기본이고, 제이미 올리버처럼 유명 연예인 못지않은 인기와 부를 누리는 사람도 많죠. 셰프에 대한 사회적 인식이 이렇다보니 부유한 가정의 아이들이 셰프의 꿈을 키우는 경우가 많고, 셰프가 되고 싶다고 하면 부모님도 적극적으로 지원해준답니다.

그럼, 우리나라는 어떠냐고요? 외국만큼 대단한 건 아니지만, 과거에 비해 요리사에 대한 대우가 좋아진 건 사실입니다. 물론 초보 요리사의 월급 수준은 100만 원 초반대에 지나지 않지만, 호텔에서 근무하는 이사급 이상 셰프들의 경우는 억대 연봉을 받는 게 보통입니다.

요리사에 대한 인식은 날로 발전하고 있어요. 해외 유명 레스토랑에서 발군의 실력을 발휘하며 국위선양하는 셰프들이 출현하고, TV 등 언론 매체가 요리사에 대한 로망을 심어주면서 여러분처럼 요리사를 꿈꾸는 친구들도 점점 많아지고 있습니다.

최근 몇 년 사이엔 제이미처럼 자신의 이름을 건 레스토랑을 운영하면서 TV 프로그램을 진행하고, 책을 쓰기도 하는 스타 셰프들이 줄줄이 등장했죠. 바로 강레오이나 김소희 같은 셰프가 그들이에요. 요리 서바이벌 프로그램《마스터 셰프 코리아》에서 그들이 얼마나 강렬한 카리스마를 내뿜으며 프로다운 기질을 발휘하는지 보면, 요리사가 얼마나 멋있는 직업인지 다시 한 번 생각하게 된답니다.

제이미 올리버처럼 요리사를 꿈꾼다면

6. 요리사가 되기 위해 청소년기에
준비해야 할 건 무엇인가요?

음악에 '절대 음감'이 있는 것처럼 음식에도 '절대 미각'이 있습니다. 남보다 맛의 차이를 예리하게 구분할 수 있는 사람들이 바로 절대 미각을 가진 '능력자'들인데요, 음식을 만드는 요리사라면 누구나 절대미각을 갖고 싶어 합니다.

물론 미각을 민감하게 타고나는 경우도 있지만, 사람의 미각은 어떻게 훈련하고 지키느냐에 따라 달라질 수 있습니다. 아무리 훌륭한 미각을 가졌다 해도 신경 써서 관리하지 않으면 하루하루 무뎌져 더 이상 맛의 차이를 구분해내지 못하거든요.

바로 그 결정적인 원인이 담배와 술, 그리고 자극적인 음식입니다. 따라서 요리사들은 금연, 금주는 기본이고 평소에 맵거나 짠 음식도 가급적 피하는 게 보통입니다.

그러니 여러분도 작은 맛의 차이를 척척 구분해낼 수 있는 훌륭한 요리사가 되고 싶다면 어렸을 때부터 피자나 햄버거, 탄산음료 같은 자극적인 음식을 피하는 게 좋겠습니다. 특히 이러한 음식들은 자극적일 뿐 아니라 몸에도 안 좋고, 무엇보다 중독성이 강해 어렸을 때 맛을 들이면 쉽게 끊을 수가 없으니 멀리하는 게 좋습니다.

요리사가 되려면
어떤 공부를 해야 하나요?

요리사가 되려면 일찌감치 고등학교 때부터 공부를 시작하는 게 좋은지,
대학교 때 하는 게 더 나은지, 아니면 처음부터 유학을 가는 게 이득일지
고민일 텐데요. 각각의 특성과 장·단점을 알려 줄게요.

1. 고등학교 때부터 요리 공부를 시작한다면

어렸을 때 운동을 배우면 스펀지처럼 빨리 습득하는데다 어른이 되
어서도 잊어버리지 않는 것처럼, 요리도 고등학교 때부터 배우면 좀 더
확실히 각인되는 효과가 있습니다. 요리 역시 몸을 써서 하는 작업이니
까요.

고등학교 때부터 요리를 배우기로 했다면 고등학교 교과 과정에 더해
요리를 가르치는 조리과학고등학교에 진학하는 것이 일반적입니다. 또
는, 인문계 고등학교 중에 3학년 때 직업학교 개념으로 1년 동안 요리를
배울 수 있도록 위탁교육을 하는 곳도 있습니다.

한국외식과학고등학교 www.kfs.hs.kr
1955년 학교법인 남문학원으로 설립, 2011년에 한국외식과학고등학

교로 교명을 변경했으며 2008년에 특성화고로 지정되었습니다. 대학교처럼 조리과학과와 관광과 2개 학과로 나눠 과별 특성에 맞는 교육과정을 진행하고 있습니다.

이 학교에선 신입생을 중학교의 내신성적 200점, 가산점 10점, 면접으로 선발합니다. 가산점은 자격증 소지자한식조리기능사, 양식조리기능사, 중식조리기능사, 일식조리기능사, 복어조리기능사, 제과기능사, 제빵기능사, 조주기능사, 관광통역안내사, 외국어 능력 우수자, 영어 교과 내신성적 우수자, 외국어 능력 시험 우수자에게 주어집니다.

한국조리과학고등학교 http://kcas.hs.kr

1998년 성택조리과학고등학교로 시작해 2001년에 한국조리과학고등학교로 교명을 바꾼 후 올해로 16년의 역사를 지닌 조리 전문 고등학교입니다. 일반 고등학교 교육과정을 기본적으로 배우고 식품과학, 식품과영양 등 식품 관련 일반 지식과 한식·양식·중식·일식·제과제빵 조리는 기본이고, 외식창업, 조리실무 영어 등도 배워 요리사로서 갖춰야 할 광범위한 지식을 두루 섭렵할 수 있습니다. 또 산야초연구부, 밥차봉사부, 칵테일부, 카빙부, 도시락연구부, 창업동아리부 등 창의성이 돋보이는 동아리를 학생들이 자율적으로 운영하고 있어요.

입학하려면 일반전형의 경우, 학교생활기록부, 학업계획서, 취업계획서, 담임교사 추천서 등 제출 서류와 함께 1단계 서류전형내신성적 210점 만점으로 모집 정원의 1.5배 선발을 거쳐 면접전형40점에 합격해야 합니다.

한국조리과학고등학교가 매년 전국의 중학생을 대상으로 여는 '전국중학교 학생 조리경진대회'에 입상하면 신입생 선발 전형의 조리기능우수자 전형에 지원할 수 있는 자격이 주어집니다.

부산조리과학고등학교 www.jori.hs.kr

2001년 조리과 제1기 입학식을 시작으로 2013년 현재 제10기 졸업생을 배출한 부산의 대표 조리과학고등학교입니다. 한식·양식·중식·일식 조리 실습은 기본, 제과제빵 실습과 관광 외식조리, 급식관리와 보건 위생 등 요리사로서 갖춰야 할 다방면의 지식을 습득할 수 있어요. 또한, 현장경험을 쌓기 위해 부산 내 특급호텔 주방을 견학하는가 하면, 수학여행도 일본의 유명 국수 공장이나 간장 공장을 방문해 세계음식문화를 체험할 기회를 제공합니다.

이 학교에선 신입생을 교과 성적 150점, 출결성적 20점, 적성평가 20점, 목적 의식 평가 40점, 면접 40점, 부가점수 30점을 합한 300점을 기본으로 하여 고득점 순으로 선발합니다.

그 밖의 조리과학고등학교

전남조리과학고등학교gokseong.hs.jne.kr, 서서울생활과학고등학교 국제조리과학과www.ssls.hs.kr

2. 대학에서 요리를 전공하려면

국내에 조리 관련 학과가 마련된 대학2년제, 3년제, 대학교4년제는 100개가 넘을 정도로 많습니다. 2년제는 4년제에 비해 상대적으로 짧은 시간 안에 교육과정을 이수해야 하므로 이론보다는 실습 위주로 진행됩니다. 그에 비해 4년제는 식품영양이나 외식경영, 외식급식경영 등 이론 중심의 학과가 마련된 학교가 많습니다.

대학과 대학교를 통틀어 학과 및 전공을 살펴보면 호텔조리과, 호텔제과제빵과, 호텔외식경영과, 조리예술과, 영양조리과학과, 바이오식품과, 제과데커레이션과, 호텔푸드코디네이터과, 국제소믈리에과, 약선조리 전공, 와인마스터 전공, 호텔 와인 커피 전공, 푸드스타일링 전공, 세계 호텔 전공 등 분야가 매우 세분화되어 있다는 걸 알 수 있습니다. 그만큼 요리 관련 분야의 업무가 전문성을 요한다는 뜻이겠죠.

이중 여러분이 관심 갖고 있는 분야의 학과가 개설되어 있는 학교를 선택, 지원하면 됩니다. 조리 관련 학과라도 실기시험은 대부분 포함되어 있지 않습니다.

3. 유학을 결심했다면

우선 어느 분야의 요리를 배울지, 미래에 이루고 싶은 꿈은 무엇인지 목표를 뚜렷하게 정하는 것이 중요합니다. 일단 가고 보자는 식으로 접근했다가는 자칫 방황만 하다 아무것도 이루지 못한 채 돌아오기에 십상이거든요.

결심이 섰다면 가고자 하는 나라의 언어와 문화를 습득하는 게 대단히 중요합니다. 최소한 영어는 구사할 줄 알아야 수업 내용을 이해할 수 있고, 다국적 유학생들과의 관계도 부드럽게 유지할 수 있습니다. 자, 그럼 이제 나라별 대표 요리학교를 알아볼까요?

미국 CIA The Culinary Institute of America www.ciachef.edu
1945년 설립, 미국 최고의 명문 요리학교로 지금까지 3만 7천 명 이상의 졸업생을 배출했습니다. 21개월 과정의 준 학사 과정과 38개월 과정의 학사 학위 과정이 개설되어 있고, 150명 이상의 교수진이 요리사를 꿈꾸는 다국적 학생들을 가르치고 있습니다.

전문화된 실무교육을 위해 40개 이상 주방시설 및 5개의 실제 레스토랑을 보유하고 있고, 1300시간 이상의 실습수업을 진행합니다. 우리나라에선 우송대학교가 CIA와 자매결연을 맺고 일부 학생을 미국 현지 CIA로 유학을 보내고 있습니다.

이탈리아 ICIF Italian Culinary Institute For Foreigners www.icif.com

ICIF는 외국인을 위한 최초의 이탈리아 요리학교로, 영어, 일어, 한국어, 스페인어 등 나라별 통역가를 제공합니다. 1991년에 설립되어, 20년 넘게 전 세계 학생들을 위해 이탈리아 요리와 와인을 가르치고 있습니다. 교육과정은 총 1년으로 5개월은 학교에서 공부하고, 7개월은 최소한 미슐랭 1스타 이상을 받은 레스토랑에게 인턴십을 해 현장 경험을 쌓습니다. 바로 이 부분이 ICIF의 매력이자 장점인데요, 인턴십을 하는 동안 레스토랑 셰프에게 실력을 인정받으면 졸업 후 워킹비자를 받아 이탈리아 현지에서 일을 할 수도 있습니다.

프랑스 르 꼬르동 블루 Le Cordon Bleu www.lecordonbleu.com

르 꼬르동 블루는 110년 이상 오랜 전통과 권위를 자랑하는 프랑스 요리 학교입니다. 프랑스 본교를 비롯 호주, 일본, 태국, 페루, 멕시코 등 전 세계 르 꼬르동 블루 분교에서 활동하는 80여 명 셰프 강사진들은 모두 세계 최고 수준의 호텔과 미슐랭 스타 레스토랑에서 실력을 인정받은 전문가로, 오랜 시간 쌓은 노하우를 매일 학생들에게 전수하고 있습니다.

우리나라에는 숙명여자대학교에 르 꼬르동 블루 한국 학교르 꼬르동 블루 숙명
아카데미가 있어, 프랑스 현지에서 파견된 강사진에게 프랑스 정통 요리와
제과제빵을 배울 수 있습니다.

만약 프랑스 본교로 유학을 간다면 1년 코스와 2년 코스 중 하나를 선
택할 수 있습니다. 1년 코스 안엔 이론과 실습, 인턴십이 모두 포함되어
있으며 영어만 해도 교육과정을 따라갈 수 있습니다. 그러나 2년 코스
의 경우는 반드시 프랑스어를 할 수 있어야 수업 내용을 이해할 수 있습
니다.

프랑스 국립제과제빵학교 INBP Institut National de la Boulangerie et Patisserie
www.inbp.com

1974년 설립, 프랑스제과제빵연합회에서 운영하는 프랑스 최고의 국
립 제과제빵 학교입니다. 각 5개월 동안의 제과 과정과 제빵 과정이 개
설되어 있고, 2개의 초대형 제과제빵 실습실과 전통 방식의 나무 화덕까
지 완벽하게 갖춰져 있습니다.

수료 후 직업적성증명서인 CAP Certificat d'Aptitude Professionnelle를 따면 프
랑스는 물론 세계에서도 실력을 인정받게 됩니다. 18세 이상, 프랑스어
능력 테스트에 합격해야 입학할 수 있습니다.

일본 핫토리영양전문학교 服部栄養 専門学校 www.hattori.ac.jp
400년 넘는 역사와 전통을 지닌 일본 제일의 명문 요리학교입니다. 영
양사과 2년식품영양학, 식생활론 이론 강의 및 현직 영양사 초청 실무 교육, 조리사 본과 1년일
식, 양식, 중식, 제과 등 조리의 4대 기본기 및 식품영양학, 외식산업, 식문화 등 교육, 조리 하이테크니
컬 경영학과 2년조리사 본과 1년 코스 교육과정에 더해 푸드 매니지먼트, 메뉴 플래이닝, 푸드 비즈니스

등 경영 관련 커리큘럼 포함 코스가 개설되어 있습니다.

일본어 능력시험 2급 이상 취득 또는 일본어학교 6개월 이상 수강의 조건을 갖춰야 입학할 수 있는 만큼 일본어 실력은 필수입니다. 수업 시간 전 반드시 복장과 신체검사를 할 정도수염, 매니큐어, 악세사리 금지로 규율이 엄격한 것으로도 유명합니다.

여기서 잠깐

조리기능사 자격증을 취득하려면

조리기능사는 한식조리기능사, 양식조리기능사, 중식조리기능사, 일식조리기능사, 복어조리기능사 5개 분야로 나뉘며 필기시험과 실기시험에 모두 합격해야 자격증이 주어집니다.

조리기능사 시험 중 1개 기능사 필기시험 합격 시, 다른 조리기능사 필기시험이 면제됩니다. 단, 필기시험 합격 후 2년 이내에 실기시험에 응시해야 하고, 이 기간이 지나면 필기시험에 다시 응시해야 합니다.

조리기능사 전형 방법

필기 : 60문항(60분)

실기 : 지급된 재료로 요구하는 작품을 1인분 만들어내는 작업(70분 정도)

합격기준 : 필기시험과 실기시험 각각 100점 만점에 60점 이상

홈페이지 : 한국산업인력공단(www.q-net.or.kr)

제이미 올리버처럼 요리사를 꿈꾼다면

요리 관련,
다른 직업도 알고 싶어요!

요리에 관심이 많다고 해서 꼭 요리사가 될 필요는 없어요.
요리에 대한 지식과 경험에 또 다른 관심 분야를 보태면
더욱 재미있는 일을 할 수 있답니다.

- **교사나 교수, 또는 강사** 조리과학고등학교나 조리 관련 학과가 개설된 대학(대학교), 요리학원 등에서 학생들을 가르치는 사람
- **요리연구가** 전통음식이나 사찰음식, 약선요리 등 특정 요리 분야에 대해 연구하는 사람

- **식공간연출가** 레스토랑이나 연회장 등을 아름답게 꾸며 주는 사람

요리 + 방송

- **푸드스타일리스트** 드라마나 광고, 오락 프로그램 등에 나오는 음식을 상황에 맞춰 구성하고, 보기 좋게 연출하는 사람
- **요리 전문 구성 작가** 자료 조사 및 인터뷰, 출연자 섭외, 대본 작성 등 프로그램 전반을 기획하는 사람

요리 + 이벤트

- **파티 플래너** 메뉴 구성 및 인테리어, 소품 세팅 등 파티 전반을 기획하고 연출하는 사람

요리 + 사진

- **음식 전문 사진가** 잡지나 신문 등 언론매체에 나오는 요리 사진을 찍는 사람

요리 + 글

- **요리 칼럼니스트** 맛은 물론, 특정 음식을 둘러싼 역사와 문화 등에 관해 전문적으로 글을 쓰는 사람
- **요리 전문 기자** 잡지나 신문, 방송에서 음식을 전담하여 취재하고 글을 쓰는 사람

세계의 유명 요리사를
알고 싶어요!

우리나라에도 세계 요리 무대에서 대한민국을 빛낸
요리사들이 여럿 있다는 걸 알고 있나요?
제이미처럼 자신의 이름을 건 레스토랑을 운영하며 책도 쓰고,
TV에도 출연해 연예인 뺨치는 인기를 누리고 있는 스타 셰프들을 소개합니다.

'비엔나의 요리 여왕' 김소희 셰프

김소희 셰프는 오스트리아에서 제이미 올리버에 견줄 수 있을 만큼 유명한 스타 셰프입니다. 오스트리아의 권위 있는 요리 평가단체인 '알 라 카르테'로부터 외국요리 부문 최고상을 받으며 오스트리아에 한식 붐을 일으킨 주인공이기도 해요.

현재 그녀는 오스트리아에서 그의 성인 '김'과 독일어로 요리하다는 뜻의 'KOCHT'를 합해 '킴코흐트'라는 이름의 레스토랑을 운영하고 있어요. 서점에 가면 그녀 이름으로 발간된 요리책이 인기리에 팔리고 있고, TV 에선 그녀가 나오는 요리 프로그램과 광고를 볼 수 있죠. 《마스터 셰프 코리아》 시즌 1, 2에서 심사위원으로 활동하기도 했어요.

사실 그녀는 요리사가 아닌 패션 디자인을 전공한 디자인 지망생이었습니다. 패션을 배우기 위해 1983년, 오스트리아로 떠났고, 7년 동안 패

선계에서 일을 했죠. 그러나 패션이 적성에 맞지 않아 요리사가 되기로 결심했어요. 김소희 셰프는 우리 입맛에 익숙하지 않은 서양요리를 배우기 위해선 직접 보고 먹으며 느껴야 한다고 생각해 프랑스, 스페인, 미국 등의 유명 레스토랑을 찾아다니며 열심히 공부했어요.

요리학교에 다닌 적도 없고, 유명 셰프에게 요리를 배운 적도 없는 그녀가 현재 한국을 대표하는 셰프가 될 수 있었던 건, 바로 당시의 고집스러운 독학 덕분이었답니다.

현재 킴코흐트는 지역을 대표하는 랜드마크이자 특별한 날 가장 예약하고 싶은 곳으로 각광받고 있어요. 그러나 김소희 셰프는 아무리 신분이 높고 유명한 사람이라도 다른 예약자를 제치고 먼저 요리를 해주는 '특별대우'를 하지 않는 것으로 유명해요. 음식 앞에선 누구나 동등하고, 기다린 순서대로 음식을 즐기는 게 마땅하다는 소신을 지키기 위해서지요. 심지어 오스트리아 총리가 킴코흐트 예약에 실패하자 김소희 셰프를 직접 총리관저로 초청해 요리를 해달라고 부탁한 적도 있다고 해요.

'한국의 고든 램지' 강레오

강레오 셰프는 현재 대한민국에서 가장 인기 있는 스타 셰프로 각종 언론 매체에서 왕성하게 활동하고 있어요. 톱스타들만 찍는다는 냉장고 광고 모델로도 활동했죠. 그 역시 자신의 이름을 건 레스토랑화수목 by 강레오을 운영하고 있고,《마스터 셰프 코리아》시즌 1, 2에서 심사위원으로 활동했어요.

강레오 셰프는 특히 이 프로그램에서 거침없는 심사평으로 '한국의 고

제이미 올리버처럼 요리사를 꿈꾼다면

든 램지'라는 별명을 얻었는데요, 기본도 갖추지 못했다며 눈물이 쏙 빠질 정도로 참가자를 쏘아붙이거나 시식 자체를 아예 거부하는가 하면, 음식을 접시째 개수대에 쏟아버리기도 했어요. 그러나 그의 평가는 참가자 스스로 실수를 시인할 수밖에 없을 정도로 정확해서 누구도 불평할 수 없었어요.

강레오 셰프가 이러한 자리에까지 오를 수 있었던 것은 요리사로서 실력을 당당히 인정받았기 때문이에요. 그는 피에르 코프만Pierre Koffmann, 영국을 대표하는 프랑스 출신 요리사과 장 조지Jean Georges, 프랑스 출신의 미슐랭 가이드 3스타 셰프 등 영국 최고의 셰프에게 직접 요리를 배웠고, 고든 램지Gordon Ramsay, 서바이벌 요리쇼로 일약 스타덤에 오른 영국의 유명 셰프의 런던 레스토랑 수 셰프, 피에르 가니에르Pierre Gagnaire, '요리계의 피카소'라 불리는 프랑스 요리계의 거장의 레스토랑 수 셰프 등을 거쳐 고든 램지의 두바이 레스토랑에서 헤드 셰프까지 했거든요.

그런데 강레오 셰프에게 우리가 더 주목해야 할 점은 바로 그가 여러분과 같은 나이부터 요리사에 대한 꿈을 키웠다는 거예요. 그가 요리사가 되겠다고 마음먹은 것은 중학교 3학년 때였어요. 처음엔 부모님이 반대하셨는데, 1년 정도 계속된 아들의 끈질긴 설득에 결국 허락하셨고, 고2 때 조리사 자격증을 딴 후 고3 때부터 호텔 주방과 레스토랑에서 일을 시작했다고 해요.

1997년, 22살이 된 강레오는 요리사가 되기 위해 무작정 런던행 비행기에 몸을 실었고, 23살에 미슐랭 3스타를 획득하고 열 명 남짓한 미슐랭 스타 셰프를 길러낸 피에르 코프만을 만났어요. 그러나 피에르 코프만은 "한국의 자극적인 음식을 먹고 자란 네게 요리사로서 가르쳐 줄 게 없다"며 제자로 받아들이길 거부했어요.

이대로 포기할 순 없다고 다짐한 강레오는 그의 제자가 되기 위해 3개월간 보수도 없이 무작정 주방에서 일했고, 결국 피에르 코프만의 마지막 제자로 기록되었답니다. 아참, 강레오 셰프도 제이미가 졸업한 WKC 요리학교에서 공부했으니, 제이미와 동문인 셈이네요.

세계의 미식계가 인정한 천재 요리사 코리 리

코리 리한국 이름 이동민는 동양과 서양의 벽을 넘어 자신만의 독특한 요리 세계를 완성한 천재 요리사로 유명합니다. 전통 프랑스 요리는 물론, 지금까지 볼 수 없었던 전혀 새로운 양식의 음식을 미국 샌프란시스코에 있는 그의 레스토랑 베누BENU를 통해 선보여 2012년, 2013년 2년 연속으로 미슐랭 가이드 별점 2개를 받았어요.

앞서 소개한 셰프들과 달리 코리 리는 아버지의 회사 발령으로 7살 때 미국에 건너갔어요. 식당에서 아르바이트한 것을 계기로 요리사가 되기로 결심했고, 가족이 모두 귀국한 후에도 미국에 홀로 남은 그는 17살부터 뉴욕의 레스토랑에서 접시닦이를 하며 요리의 꿈을 키웠어요.

프랑스와 영국의 미슐랭 스타 레스토랑을 거쳐 2001년, 그의 요리 인생에서 절대 빼놓을 수 없는 토마스 켈러Thomas Keller, 미슐랭 3스타 레스토랑을 2개나 보유한 미국 최초의 셰프와 인연을 맺어 요리를 배우게 됩니다.

코리 리는 세계가 인정하는 셰프 토마스 켈러에게서 "기술적으로 뛰어난 요리를 선보이는 타고난 예술가이자 환상적인 음식의 조화를 선보이는 존재"라는 찬사를 듣기도 했어요. 이후 탁월한 실력을 인정받은 코리 리는 2005년부터 2009년까지 5년간 셰프 드 파티chef de partie, 한 파트의 조리장로서 프렌치 론드리French Laundry, 미국 캘리포니아에 자리한 세계적인 레스토랑의 주방을

제이미 올리버처럼 요리사를 꿈꾼다면

책임지고, 2008년엔 요리계의 오스카상이라고 불리는 제임스 비어드 재단의 '올해의 떠오르는 셰프'로 선정됐답니다.

그가 세계 미식계에서 인정받은 메뉴는 김치 없는 보쌈, 닭고기로 만든 상어 지느러미 수프 등 한식을 바탕으로 한 것들로, 한식을 세계에 알린 주인공이기도 합니다.

여기서 잠깐

미슐랭 가이드가 뭘까요?

〈미슐랭 가이드〉는 타이어 회사인 '미슐랭'에서 고객을 위해 서비스용으로 만든 작은 책자였습니다. 1900년 대 당시 자동차 여행은 사람들의 로망으로 각광받기 시작했고, 바로 이 〈미슐랭 가이드〉가 여행 중에 먹을 만한 식당을 알려주는 가이드 역할을 했어요. 그러다 자동차 보급이 기하급수적으로 늘면서 이 책을 찾는 사람이 나날이 늘었고, 〈미슐랭 가이드〉는 어느새 세계 미식의 표준, 그 이상의 가치를 지니게 되었답니다.

〈미슐랭 가이드〉가 더욱 유명해진 건 바로 레스토랑들에 별점을 준다는 것인데요, 평범한 손님으로 위장한 심사위원들이 레스토랑을 방문해 음식 맛을 보고, 점수를 별의 개수로 매긴 거예요. 별점은 1개부터 3개까지로, 3개를 받은 레스토랑은 '가문의 영광'이라고 할 만한 명예를 얻음과 동시에 부도 함께 누리지요. 따라서 매년 새로운 별점 리스트가 발표되면 전 세계 레스토랑은 물론, 미식가들도 신경을 바짝 곤두세운답니다.

현재 〈미슐랭 가이드〉의 연간 발행 부수는 150만 부 정도이고, 유럽에서 40유로, 우리나라 돈으로 환산하면 약 6만 원에 팔리고 있어요. 일본의 도쿄와 교토, 오사카, 그리고 홍콩과 마카오판도 발행되고 있답니다.

스페인

파코 토레블랑카 Paco Torreblanca

유럽 디저트 업계의 일인자. 현재까지 그가 만든 초콜릿을 이용한 디저트의 변신을 비슷하게라도 보여준 요리사는 아무도 없답니다. 그의 디저트는 요리를 넘어 예술작품으로 칭송받고 있어요.

페란 아드리아 Ferran Adria

요리의 재료를 분석하고 과학적인 시스템을 도입하여 전혀 다른 질감을 가진 새로운 요리로 탄생시키는 '분자 요리'의 이론을 실현한 주인공. 요리의 역사를 논할 때 페란 아드리아의 전과 후로 나뉜다고 할 정도로 찬사를 받고 있지요.

미국

토마스 켈러 Thomas Keller

미슐랭 3스타 레스토랑을 2개나 보유한 최초의 미국인 셰프. 품위 있으면서도 심플하고 재료의 맛을 잘 살린 요리로, 평범함 속에 비범함의 예술을 실현했어요.

영국

헤스턴 블루멘탈 Heston Bluementhal

'레스토랑의 해리포터', '주방의 윌리윙카'로 불리는 천재 요리사. 분자 요리를 대중에게 쉽고 친근하게 이해시킨 주인공이에요.

제이미 올리버처럼 요리사를 꿈꾼다면

마씨모 보뚜라Massimo Bottura

자신만의 방식으로 분자 요리를 재해석하여, 이탈리아 셰프들에게 좀 더 실용적이고 재료에 충실한 조리법을 퍼트린 주인공. 한국을 방문하여 한식 재료를 이용한 요리를 선보였어요.

하인즈 벡Heinz Beck

'공부하는 요리사'로 유명하며 요리는 물론, 소믈리에 자격증까지 가진 셰프. 그가 쓴 책은 현재 소믈리에들의 교과서로 쓰일 정도로 완성도가 높다고 해요.

피에르 가니에르Pierre Gagnaire

프랑스 요리를 전 세계에 대중적으로 알린 장본인. 프랑스뿐만 아니라 유럽, 아시아 지역까지 그의 이름으로 오픈한 레스토랑이 7곳이나 되고 우리나라에도 '피에르 가니에르'란 이름의 레스토랑이 운영 중이에요.

미쉘 브라Michel Bras

요리사 이전에 미술학도로, 접시 위에 한 폭의 풍경화를 그리듯 요리를 예술로 승화시키는 '아티스트'에요.